中层领导说话处事方略

第3版

易 尚◎主编

中国纺织出版社有限公司 | 国家一级出版社
全国百佳图书出版单位

内 容 提 要

中层领导位处组织序列的夹层之中，他们既要对上负责，又要充分发挥领导者的作用，调动下属的工作积极性，是名副其实的职场“夹心饼干”。因此，要想在这个位置上游刃有余地开展工作，那就非得练好说话和处事的功夫不可。

本版在上一版的基础上增补了更具操作性的方法和建议，使内容更具实用性，更接地气。拥有一张能说会道的嘴，就如同拥有一笔取之不尽的财富，使你能恰到好处地拿捏与上下左右的关系，更会助你在工作中左右逢源，从激烈的竞争中脱颖而出！

图书在版编目（CIP）数据

中层领导说话处事方略 / 易尚主编. --3版. -- 北京：中国纺织出版社有限公司，2020.5（2024.7重印）
ISBN 978-7-5180-6860-9

Ⅰ.①中… Ⅱ.①易… Ⅲ.①领导人员－语言艺术 ②领导学－人际关系学 Ⅳ.①C933.2

中国版本图书馆CIP数据核字（2019）第229673号

策划编辑：向连英　　责任校对：王蕙莹　　责任印制：储志伟

中国纺织出版社有限公司出版发行
地址：北京市朝阳区百子湾东里A407号楼　邮政编码：100124
销售电话：010－67004422　传真：010－87155801
http://www.c-textilep.com
E-mail: faxing@c-textilep.com
中国纺织出版社天猫旗舰店
官方微博 http://weibo.com/2119887771
永清县晔盛亚胶印有限公司印刷　各地新华书店经销
2020年5月第3版　2024年7月第8次印刷
开本：710×1000　1/16　印张：13
字数：159千字　定价：68.00元

凡购本书，如有缺页、倒页、脱页，由本社图书营销中心调换

前言

不论是党政机关还是企、事业单位，中层领导几乎存在于各个组织中。其权力不是很大，但其位置却至关重要，是承上启下的桥梁，是成功团队的中坚力量，是一个集体成败的关键！

中层领导位在组织序列的夹层之中，需要在“上压下挤”的环境中游刃有余地开展工作，所以，处于夹层里的中层领导要面对的人际关系比一般人更为复杂。我们经常听到有人这样感叹：“做中层领导，最难的常常不是能不能胜任某一个工作，而是能不能处理好与上下左右的关系！”事实的确如此。中层领导身处上司、同级和下属之间，与上级的关系直接决定着自己的前途，与同级的关系主导着公司内对自己的评价，而与下属的关系则决定着自己所领导的这个部门的业绩。这中间，只要有一个环节摸不透、做不好、理不顺，就会给工作造成障碍。

这就是中层领导的特质，其位置，处于上层和下层的结合点上；其身份，既是领导者又是执行者；其工作，专业性较强，需要具有某一方面的专长；其职责，比较具体，布置、检查、总结、反馈，都要亲力亲为。可见，做好中层领导的工作，掌握其特定的领导艺术，尤其是说话的艺术和处事的方略最为重要。

本书前两版已获得过不少读者的认可和青睐，为了更好地服务于中层领导，作者经过精心修订，增补了许多更具操作性的方法和建议，使内容更加适合中层领导的工作特点。本书分为上、下两篇，分别阐述中层领导的说话艺术和处事方略两方面的内容。

说话篇：中层领导的说话艺术。不同角色的人说话有不同的原则，中层领导所处的特殊地位，使他们不能像上司那样“畅所欲言”，更不能像下属那样说话比较随便。一名称职的中层领导应该能够通过有技巧的说话来赢得上司的重视，得到同事的信任，获得下属的拥护。

处事篇：中层领导的处事方略。处事，并不简单地等同于把工作做好。要知道，职场就是一个小社会，人情世故遍布其中，如果没有高超的处事方法和谋略，即便你有再高的学历、再出色的技能，也可能会处处碰壁。

作为中层领导，掌握一套说话、处事的方法大有益处。只要运用得当，它会助你在工作中左右逢源，游刃有余，从而使自己在激烈的竞争中立于不败之地，充分体现你的工作能力。

本书是中层领导行走职场的锦囊妙计，读懂和学会灵活运用书中的规则，相信你的事业将会更上一层楼。

作者

于北京

2020 年 1 月

目录

上篇　中层领导的说话艺术

领导者如战场上的将军，是激励手下的核心人物，也是决定事业成败的关键因素之一。任何一个组织，任何一项事业，都离不开领导的统率。领导者中肯有力的言辞，会迫使对方做出让步，或取得共识，以利于达成协议；领导者说话得体，言之有物，会使权威自立，上下一心。卓越的口才，是每一位立志求进的领导者获得成功的催化剂和加速器。很难想象，一个口才欠佳的领导者如何在现今的工作环境中打开局面，取得事业上的成功。事实上，一个领导者的说话能力常常被当作考察领导综合能力的重要指标。所以，能言善辩、口才卓越的领导者越来越显示出一种独特的优势。

“震天下者必震之于声。”中层领导在组织中起着上传、下达的作用，领导说话水平高能使下属听懂政策、听进道理，激发下属的积极性和创造性。中层领导说话水平的高低，一定程度上会影响一个团队的内部和谐以及工作效率的高低。

作为中层领导，与上司打交道是常有的事情。但大部分中层领导的感受是上司永远都是不可捉摸的，无法猜透其意图。于是，中层领导总是战战兢兢，如履薄冰。其实，并非“老虎的屁股摸不得”，而是在于怎样“摸”，这就要求中层领导要掌握与上司沟通的语言技巧。

对上司交代下来的工作，不管你是否能够处理，都应该说“我马上处理”这句话。要知道，“马上处理”并不是说一定能够处理好，而是表示一种态度。对于上司来说，他们需要你这种积极的工作态度。如果接下来把事情处理好了，说明你有本事，如果处理不好，也说明你尽力而为了。

俗话说：“人情留一线，日后好见面。”这句话提醒人们，在生活中很多尴尬都是由于说话太绝对，没给他人留情面造成的。说话时要给对方留情面，不要直接指出对方的错误，否则别人也不会给你留情面，使彼此陷入尴尬境地。说话的时候要提醒自己，要给自己留余地，使自己可进可退，始终处于主动的位置。这样虽然不能保证自己一定会战无不胜，但是至少不会败得一塌糊涂。

人在职场，被上司训斥是最窝火不过的事，嘴巧的，还能回赠上司一些理由；嘴笨又胆小的，只有频频点头，灰头土脸的；嘴巧、恃才，且受不了委屈的，还会萌生去意。被老板批评真的就是如此让人难以接受吗？换个角度，事情完全不是这样。英国学者利斯特曾说过：“我能想象到的人的最高尚行为，除了传播真理外，就是公开放弃错误。”是的，错误并不可怕，被批评也不可怕，关键在于你怎样去认识和对待它们。从错误中吸取教训，从批评中汲取营养，这样，你就会逐步走向成熟，走向成功。

卡耐基说：“我们滋养我们的子女、朋友和员工的身体，却很少滋养他们的自尊心。我们供给他们牛肉和土豆，培养精力，但我们却忘了给他们可以在记忆中回想好多年像晨星之音的称赞。”

批评效果如何，在很大程度上不是取决于说些什么，而是取决于怎样说和在什么场合说。就像苏霍姆林斯基所说：“语言——这是能触摸到人性最细微特点的最精致的道具。善于运用语言是一门伟大的艺术。语言可用来塑造心灵的美，也可以使心灵丑陋不堪。让我们掌握好这个道具吧，使从我们嘴中出来的只有美。”

作为中层领导，你既要管理好下属，鼓舞他们跟你一起完成团队任务；又不能太娇纵他们，以免影响团队的执行力和战斗力。在与下属相处的过程中，要达到你想要的这种目的，那么如何与下属说话就显得尤为重要了。一个成功的中层领导者在与下属的沟通过程中，大多懂得春风化雨，用温暖得体的语言去感召自己的下属，在“润物细无声”中达到管理的目的。这种境界会进一步融洽中层领导者与下属之间的人际关系，为彼此共同的生活、工作创造出良好的人际氛围，进而促成工作的良性运转。

“逢人只说三分话”之中的这“三分话”，还不在重要的话之内，重要的话是一句都不能说的。同级领导之间的谈话更应该如此。你所说的“三分话”，应该是天上地下，应该是稗官野史，应该是风花雪月，应该是柴米油盐……虽然说得头头是道，皆大欢喜，其实是言之无物——都是无关紧要的内容。

说话是一门学问，需要知识、阅历的支撑，当你的知识、阅历提升了，加上你有好的语言表达能力，自然就会说话了。作为中层领导，如果掌握了说话的艺术，它不仅能增加你个人的魅力和自信，还能够在关键时刻帮你化解危机，打破僵局，让你的难题迎刃而解。

下篇 中层领导的处事方略

处事，绝不是一件小事情，而是关系我们能成就多大事业的重要课题。一个人不管有多聪明、多能干，如果不懂得如何与周围的人相处，就很难在天地间谋事。尤其是身处“夹缝”中的中层领导，为人处事显得尤为重要。你做的每一项工作，几乎都需要上司的支持、同级的合作、下属的执行，如果不能处理好与这三者的关系，工作将很难进行下去。所以，中层领导要掌握好处事之道，处理好了每个与人交往的环节和做事的规则，那么你就会成为一个处处受人欢迎、得人拥护、博人尊敬的好领导。

人与人之间之所以距离远，是因为心远；之所以距离近，是因为心近。作为中层领导，多与上司接触，拉近彼此的距离，让上司了解你、喜欢你，甚至把你当知心人，无论是从开展工作还是从个人发展机会的角度来看，都是很重要、很“实惠”的事情。

最受上司赏识的下属，一定是那些能给公司带来利益的下属。因此，中层领导一定要把自己的工作当成一项事业来做，真正做出卓越的成绩来，而不能仅盲目地为做事而做事，不关心效果。追求“功劳”而不是“苦劳”，是每一个想取得成功的中层领导必须具备的基本理念。

杰勒德·尼尔伦柏格曾说过：“一场成功的谈判，每一方都是胜者。”向上司提出要求，实际上也是一种谈判。因此，作为下属就必须在维护自己利益的同时充分兼顾上司的需要和处境，这样才能使自己向上司提出的要求得到满足，取得自己想要的结果。

职场上竞争激烈，作为中层领导，找到适合自己的生存之道尤为重要。然而，仅拘泥于自己的小范围，凡事只看到自己的切身利益，那么在无形中，我们会错过了很多。职场中，应该放远眼光，无私为公司培养人才。因为只有这样，培养出合适的继任者，才能显示出自己的忠诚和气度，求得更好的发展。为别人烧砖，给自己铺路，这是中层领导应该明白的道理。

要宽容你的下属，但不要放纵你的下属。因为一旦你放纵了下属，他就会接收到错误的信息，会有一些凌驾于你之上的想法，并开始不尊重你，作为中层领导的你也就因此失去了对下属的掌控。掌控不了下属，何谈带领团队完成组织赋予你的使命？

上篇
中层领导的说话艺术

领导者如战场上的将军，是激励手下的核心人物，也是决定事业成败的关键因素之一。任何一个组织，任何一项事业，都离不开领导的统率。领导者中肯有力的言辞，会迫使对方做出让步，或取得共识，以利于达成协议；领导者说话得体，言之有物，会使权威自立，上下一心。卓越的口才，是每一位立志求进的领导者获得成功的催化剂和加速器。很难想象，一个口才欠佳的领导者如何在现今的工作环境中打开局面，取得事业上的成功。事实上，一个领导者的说话能力常常被当作考察领导综合能力的重要指标。所以，能言善辩、口才卓越的领导者越来越显示出一种独特的优势。

第一章　中层领导说话的原则

“震天下者必震之于声。”中层领导在组织中起着上传、下达的作用，领导说话水平高能使下属听懂政策、听进道理，激发下属的积极性和创造性。中层领导说话水平的高低，一定程度上会影响一个团队的内部和谐以及工作效率的高低。

一、摆正自己的位置再讲话

任何一个单位的中层领导，都处于兵头、将尾的关键环节上，常常成为工作事务的集合点、工作关系的集中点、工作矛盾的聚集点，中层领导只有知道自己的角色，并能准确定位，才能说出有水平的话来。只有定位不发生偏差，才能在各种工作的操作环节不发生错位现象，以免失口之过。

作为企业的中层管理者，他在企业中担任枢纽角色，担负着企业绩效实现、决策执行的重任。但在企业的日常运转中，中层管理者则常常面临“上压下挤”的困惑，面对下属，他是上司的“传声筒”。在下属面前，他不能越位，不能说一些超出职责范围的话；在上司面前，他更不能把自己等同于普通员工，说话要时刻维护上司的权威和团队的利益。因此，要想做好中层管理者，首要一点就是必须摆正自己的位置。

我们来看一个例子：

李先生是北京中关村一家大型电子公司的一个部门经理，手下有8名员工。李先生工作勤恳，为人谦和，对每一个下属都想给予一些关怀和照顾，所以跟大家的关系还不错。他有一个最大的特点，就是他对他的直接领导言听计从，领导安排什么，他马上向下属宣贯什么。一旦下属提出异议，他马上便说“领导说了，就照这样执行，你照吩咐做了，出了差错领导不会怪你；你如果不照这样做，出了问题你得自己担着。”下属一听觉得也有道理，于是便遵照执行。但渐渐地，下属有了不明白的地方也就不再问他，而是越过他直接请示更高的领导，因为大家知道跟他说了也没有用，他还得去请示领导。有段时间他遇到了一件烦心事：他发现手下有个别人开始直接跟他“顶牛”，公然不听从他的指挥。他想把这些“害群之马”开掉，但苦于没有办法。他的“无能”渐渐被传播开来，以至于其他原本“听话”的下属也开始不拿他当回事了。

美国太平洋轮船公司总经理汉尼斯先生曾讲过一个很有意思的事例。有一次，在谈到某公司里的一个职员有着良好的判断力，但却没有勇敢实行的胆量时，他说：“几年前，我因业务上的需要到某大公司去见他们的总经理。当时这位总经理需要一个报告，让他的一个助理员去拿给我看。这报告是那位助理员做的，我仔细看了一遍，觉得其中所论无不精确周密，令人拍案叫绝。他把各项工作的前前后后论述无遗，对将来的判断更是高人一筹。总之，他说的一切事情都非常透彻，使人只要看了他的报告，什么问题都了如指掌。”我正在心中敬佩叫绝的时候，那位总经理笑着对我说：“你觉得这是一份特殊的报告书吧？你觉得这位助理员的才学、见识都高人一筹吧？是的，他在这些方面比我高明多了。但是他至今仍旧只是做我的助理员。”“为什么呢？”我惊奇地问。“原因很简单，”那位经理继续说，“他有着敏锐的观察力，有着能将所有复杂问题一一分析得井井有条的能力，但是他不能决断。他能提供列举许多方针和预计许多结果的报告供我选择，但是要他自己去做决定却是千难万难。所以，我一直不敢提拔他。”

这位助理员的问题就在于没有充分表现出一个中层管理者应有的素

质。遇到问题要敢于表达自己的意见，如果一味地靠上司来决断，那么还要你这个中层领导干什么？所以中层领导要在该发言、该决断的时候充分表现自己，使自己脱颖而出。

从上面的两个例子来看，中层领导最失败的是只简单地做上层领导的“传声筒”，自己没有任何想法，这样的中层管理者往往最被下属看不起；而你越是唯唯诺诺，上级领导就越是对你不敢撒手，相反，你对一件事情的处理越有主见，领导就越敢对你放权，让你独当一面，因为高明的领导培养下属是想让他们为自己分担工作的。

一个人用什么身份说话，很容易反映他的思想境界，处事的方式和待人接物的态度。如何把握好交谈双方特定的关系而做语言的修饰调整，以更好地传情达意，是中层领导提高说话水平的重点。

二、言谈举止中展现领导风度

社会心理学家做过这样一个实验：在对两组志愿者分别加以修饰，一组风度翩翩，另一组则显得随便、邋遢，并令其分别在走路时违反交通规则——闯红灯。

其结果是：第一组尾随者占行人总数的14%，而第二组的追随者只占4%。

以貌取人固不可取，但美的风度有利于提高领导者的威望却无可非议。一位美国企业家就曾说，如果你认识昨天的我，那么你会说今天的我与昨天简直判若两人，因为我现在的一举一动都经过了精心的设计。

那么，中层领导如何提升自己的风度呢？在我看来，一个中层领导是否有风度，很大程度上来自他说话的魅力。因其直接影响到他是否对对方具有吸引力，关系他是否能建立良好的人际关系，同时还影响他能否驾驭下属。

然而，说话的魅力到底从何而来呢？事实上，组成说话魅力的内容是十分广泛的。从一个人说话的内容、说话时的言谈举止，都可以看出他是否具有说话的魅力。

那么，什么是风度？所谓风度，是指一个人得体的举止、姿态及表情等。说话的魅力是一个人内在气质的言语表现，是一个人的涵养的外化。说话有魅力，往往具有很大的吸引力。无论是男人说话中那刚毅稳健的气质，还是女人说话中那温柔娴雅的魅力；不论是外交官那彬彬有礼的谈吐，还是政治家那稳重雄健的言论，都会令人仰慕不已。正如德国戏剧家莱辛所说："风度是美的特殊再现形式。"

孔子说："文质彬彬，然后君子。"风度正是外在语言和内在气质的恰当配合。对于中层领导者来说，风度尤为重要，它是领导能力的外在体现，很多时候，人们对领导者的第一印象也是从这里建立。中层领导者的风度不仅体现在神态、举止上，更重要的是需要具有智慧的言辞。

智慧的言辞最利于表现领导者的干练，领导者的干练不同于油滑，它是领导者沉着冷静、才思敏捷和富于经验的代名词。有的领导者在表达一种思想或为公司争取某种利益时，言简意赅、语言犀利、切中要害，令对手语塞，甘拜下风；有的领导者善于机敏巧妙地回答任何难题，既应对自如，又无懈可击，如此等等，在很大程度上表现出他们的沉着和干练。

1983年元旦，英国女王为多年给首相撒切尔夫人担任顾问的戈登·里斯授予爵位。其主要功绩就有：有效地提高了撒切尔夫人的演说能力和应答记者提问的能力，为撒切尔夫人撰写了深得人心的演讲稿……一句话，即为英国塑造了一位全新的"风姿绰约、谈吐优雅和待人亲切自然的女首相形象"。

纵观古今中外的政治家、军事家、外交家、社会活动家，无一例外都是思维敏捷、口齿伶俐、善于表达的语言大师。现实生活中我们经常也会看到或听到，一项事业的成败，常取决于一次重要的谈话的事例。无数成功者的事实都表明，敢于当众讲话，善于说话，是事业成功的催化剂。

美国人类行为科学研究者汤姆士指出：“说话的能力是成名的捷径，它能使人显赫，并鹤立鸡群。能言善辩的人，往往使人尊敬，受人爱戴，得人拥护。它使一个人的才学得以充分拓展，熠熠生辉，事半功倍，业绩卓著。”他甚至断言：“发生在成功人物身上的奇迹，一半是由口才创造的。”

三、学会驾驭下属的情绪，营造良好的讲话氛围

相信那些优秀的领导者，大都是控制情绪的高手，他们不仅人品好，在企业上下口碑也非常好。就算他们非常愤怒，但在众目睽睽之下，他们也会面带着微笑对下属说：“麻烦帮我倒杯茶吧！”

但也存在那么一些领导者，当他们遇到哪怕是一丁点令他不爽的事情，比如说下属迟到、工作拖拉，他们总会表现得很暴躁，很多员工也并不具备领导者的理性，于是，在情绪的胁迫之下双方就呛上了火，也是常有之事。

情绪作为人在特定情况下的心理体验，是使人产生某种行为的活力性因素，因而善于驾驭下属的情绪，营造良好的讲话氛围，是中层领导者必备的能力。

1. 营造氛围

首先，要创造一个有益于身心健康的工作环境，尽量排除工作环境中的不利因素。其次，是注意协调好组织内部的人际关系，使组织成员工作处于真诚相待、和睦相处、团结合作、协调一致的人际环境中。最后，要多组织有益于身心健康的集体活动，如旅游、联欢、体育比赛、技术竞赛等，让员工在集体活动中培养自己的兴趣爱好，锻炼自己的意志，并在集体活动中释放自己的不快情绪，分享集体的快乐，以调动整个组织的积极情绪，鼓舞士气，从而实现组织的最终目的。

2. 疏通渠道

对待情绪状态差的组织成员，首要的方法应该是引导，而不是将其调离工作岗位。只有在无法通过其他途径来解决问题时，才可选择后者，即使是选择了后者，也不能就此了事，同样要做好引导工作。这时，领导者要主动找组织成员谈心，了解其产生不良情绪的原因，然后对症下药进行引导。

例如，在很多公司员工中普遍存在的由不公平感引发的不满情绪，究其原因，不外乎两种：一是由于领导者本身的缺点和领导制度的局限造成的，二是由于员工本身的认知偏差引起的。前一种要求领导者尽可能提供渠道让员工倾吐自己的不满，欢迎员工对领导工作进行批评和监督，创造公平、民主的组织氛围，以便最大限度地避免和纠正不公平的做法。后一种则要求领导者做到以事实服人，以情景感人，拿出实际数据和材料来说服员工，或提供机会让其亲自去体验别人的工作难度，或让其换个角度来看问题，引导员工纠正认知偏差，使他们充分认识自己的不公平感原来是“芭蕉叶上无愁雨，只是听时人断肠”。

3. 平衡心态

领导者在引导情绪状态差的组织成员时，关键是要运用不同的调节方法来帮助对方平衡心态。下列三种调节方法可供参考：

（1）语言调节法。语言是人的情绪体验与表现的强有力的工具，通过语言可以引起或抑制情绪反应。

（2）注意力调节法。人在情绪低落时，容易把注意力集中在不称心的人或事上，因而会加重消极的情绪状态。领导者应该有意识地组织一些积极的、有意义的活动，或设置新的目标，以转移员工的注意力。

（3）“出气”调节法。持续时间过长的消极情绪不仅会造成严重的工作后果，而且会引起诸多疾病。因此，领导者可以通过“出气”的办法，让员工尽快地释放其消极情绪。比如，通过谈心，让员工“一吐为快”，把心中的不平话、伤心事、痛苦情说出来或哭出来。怀有不满情绪的员工经过这样的“出气”处理后，会缓解不满情绪，容易理智地接受劝告。

4. 察言观色

领导者要明白，情绪之所以能驾驭，就在于人的情绪会通过人的面部表情、语言和行为表现出来。其中的面部表情可以说是情绪反应的最敏感的指示器，它像天气预报那样及时报告人的内心世界的“风、霜、雨、雪”和“阴、晴”。领导者要驾驭组织成员的情绪，就必须像注意天气预报那样，随时注意组织成员的表情，掌握他们的情绪状况。

四、迅速赢得下属拥护的技巧

每个中层领导都希望给所在组织的领导和同事留下良好的印象。特别是新任的中层领导，都希望自己上任第一次讲话能出彩，尽快赢得下属的尊重。为此，以下几个技巧不妨一试。

1. 以幽默的介绍缩短与大家的距离

幽默是一种睿智的表现，它就如同化学实验中的酸碱中和反应，能让两种事物在一定程度上达到相对的平衡状态，因此幽默不但能化解人际交往时的冲突和尴尬，还能给人们带来欢笑。有一次，法国前总统戴高乐与某国总统会面，还没有握手，戴高乐就说：“哦，原来你比我的个子高，做总统的滋味怎么样？”那位总统有些拘束，便反问：“你说呢？”戴高乐哈哈一笑：“挺不错，就如同吃了火药一样，总想放炮。”寥寥数语便使当时的紧张气氛得到缓和，化解了两位总统之间的猜忌，使大家紧张的情绪在愉快的氛围中很快放松下来。

作为中层领导，上任的第一次讲话最重要的一点就是要缩短与上司和下属感情上的距离。有经验的人都会用幽默的自我介绍来打破冷场，开启大家的心扉。

将自己的名字、形象、性格等“漫画”一番，是自我介绍吸引人的一种方法。比如秃顶的先生自我介绍时指着自己的头说："我这个人太爱想问题，思考一次掉一根头发，如今这光头成了印证……"这样描述，博得听者的欢笑，而个人形象也悄悄、亲切地走进大家心目中。

2. 以创造性的主见树立威信

当你通过幽默的介绍取得大家的好感之后，你要迅速组织精练有条理的语言，对你到任的部门的有关工作提出创造性的建议，这样，你必能在团队中开始树立起威信。

创见的提出，不需要优美的词句，也不需要引经据典的长篇大论，而是你在洞察了部门的实际情况之后，运用你灵活的头脑提出的有利于部门发展的见解。这点可以从四个方面去努力：其一，你可以对大家提到的某个说法进行修改提炼或完全推翻，切中团队成员的心愿或点破大家的迷津，从而表达你的创见；其二，通过对大家熟知的谚语、警句的分析来说出你的观点，以此给人以深刻的印象；其三，要善于学习，集思广益，努力用最新而又恰当的名词术语去组织你的语言；其四，适当使用设问、自问等方式来强调你的创造性见解。

3. 以恰当的评价赢得下属的信任

欧洲著名管理学者弗雷德蒙德·马利克在他的《管理成就生活》一书中，专门拿出一个小章来讨论信任问题，他认为这是有效管理的六大原则之一。"如果一个管理者能够成功地获得并保持员工对他的信任，他就取得了一项非常重要的成就，即建立了一个坚实的管理环境。"

那么，如何建立这种坚实的管理环境呢？首先，你走马上任之前要努力了解新环境的各方面情况，并迅速对新环境的情况进行大致分类，找出最主要的一类，作为恰当评价的依据。其次，是评价性语言的组织，你要大力肯定团队已经取得的成绩，肯定团队中大多数人的才干和积极性。在就职讲话中，你的形象应是一个满怀信心的有建树的人，而不应该是个唉声叹气的挑剔者。当然，有些团队本来就存在着比较严重的问题，在这种情况下，就要表现出对员工的宽容和对问题的蔑视，并努力通过就职讲话去引导大家来思考和解决问题。

4. 以憧憬和要求激发团队成员的积极性

不会憧憬的人难以鼓起大家的信心，不敢要求的新领导在大家心目中难以树立威信。能够憧憬美好明天和果断提出要求的领导最能给员工以动力，使你一上任就能带动团队成员开展工作，创造佳绩。

如何把握好就职讲话的时机，乐观地憧憬未来和果断地提出要求呢？如果你是有经验的中层领导，你一定会做到以下五点：

第一，憧憬的目标有较大的可能性，提出的要求切合本单位的实际。

第二，语言干脆利落，不含糊，不拖泥带水。

第三，抓住重点，铿锵有力，不求面面俱到。

第四，奖、罚并提，有激励又有约束。

第五，用浓缩的警句式的语言作为结语。诸如此类的语言，能较好地激发团队的积极性，从而提高你的领导威信。

五、讲话要顾及在场人的面子

俗语说："树有皮，人有脸。"这里所说的脸，就是一个人的自尊。中层领导者在批评下属时，一定要注意不能伤害下属的自尊心。

有位文化界人士，多年来一直受邀参加某专业期刊的年终评审工作，能参加这样专业的期刊的评审工作是一项难得的荣誉，不少人想尽一切办法都找不到门路，有的人即便被邀请参加过一两次，但是此后就再也没机会了。有人问这位文化界人士，为何他年年有此殊荣。他一语道破了其中奥秘。

他说，他的专业眼光并不是关键，他的职位也不是重点，他之所以能年年被邀请，是因为他很会给人留面子。他说，他在公开的评审会议上一定把握一个原则——多称赞、鼓励而少批评。但会议结束之后，他会找期刊的编辑人员，私底下告诉他们编辑上存在的缺点。因此每个人都保住了面子，而也就因为他顾虑到别人的面子，承办该项业务的工作人员和期刊的编辑人员，都很尊敬他、喜欢他，当然也就每年找他当评审了。

其实，在企业这个大家庭当中的每一个人，都非常重视自己的面子，如果你是个对面子不在意的人，那么你必定是个不受欢迎的人；如果你是个只顾自己面子，却不顾别人面子的人，那么你肯定有一天要吃亏。

当然，每个人的性格不同，对于批评每个人的敏感程度也不一样，因此要视不同的情况，采取不同的方式批评。

对那些自尊心较强和敏感的人，你要尽量小心说话，对他们所犯的错误点到即止；对于那些不够敏感的人，语气则可以适度加重些，如此才能使他们意识到所犯错误的严重性。

伤害别人自尊是最愚蠢的行为，因此，一般人不会这么做，但是，在情绪不好或是发怒的时候，往往就难以控制了。

每一个人都有自尊心，即使在他们犯错的情况下，也别以为你就可以随意地数落他们。须知，在自尊和人格上每个人都是平等的，你如果不顾及下属的自尊，把他们逼急了，他们也会反过来刺伤你的自尊。

揭人隐私是最伤人自尊心的一种形式。每个人都有不为人知的隐私，在他过去的生活历程中，他也许曾犯下错误，甚至做过不光彩的事情。如果你知道内情，在你的下属犯错误或和你有不同意见而出言顶撞的时候，你将会怎么办呢？是趁机揭人隐私，还是只是就事论事？

有些领导虽然不会把下属的隐私抖出来，却常常把它当作筹码来压制下属。譬如，在盛怒的时候会说："你少跟我过不去，你过去那些事的材料还在我手中呢！"

把对方的隐私抖出来难免激怒对方，引起对方的反击，除了引来一大堆人围观"看戏"之外，对谁也没有好处。

也许有人会说："我并不是喜欢揭下属的伤疤，但是下属的态度实在太恶劣了，我忍不住才这么做的。"

这话乍听之下似乎有道理，但实际上只能说明你胸襟太狭窄。

在态度恶劣的下属面前，你可以采取两种方式：一是不理他；二是狠狠地教训他一顿。如果确有必要最好采用暗示的方法，点到为止，通常会让其有所警惕。

真正懂得说话艺术的人，往往都是才华出众、懂得照顾别人感受的人。他们不会为了炫耀自己的成功而让别人没面子。所以，在公众场合，说话、做事一定要顾及所有人的面子，不能疏忽任何一个在场的人。这样待人处事，不仅可以保护自己、融入人群，与人们和谐相处，也有利于人脉的积累。

六、不同情境的即兴讲话

作为中层领导，多少都会遇到在不同场合即兴讲话的情况。如果你是一位善辞令、善言谈的“老手”，即兴讲话是不成问题的，但如果你是一位不善辞令、害怕在众人面前讲话的“新手”，那也不必紧张、回避，要敢于拿出你的全部热情和胆量来，针对不同场合、对象说出能完全传达你的思想、意见或真情实感的精彩语言来。

通常情况下，即兴讲话要把握好以下四个效应：

1. 人格魅力效应

即兴讲话是中层领导者的基本功，是评价领导者能力、水平的一个重要标尺。领导在面对大家作即兴演讲时，关键是既要说真话、动真情，又要言之有物。“万丈高楼平地起”，领导者要想练就高超的讲话艺术，增强人格魅力，在团队中塑造良好的形象，一方面要扎实学习，刻苦训练，博览群书，增强文化底蕴和素养；另一方面，在每次讲话前，要针对听众精心准备，熟悉与讲话主题相关的业务和工作，列好提纲，打好腹稿，做到胸有成竹。

2. 目光亲和效应

眼睛是心灵的窗户。心理学家研究证明，目光交流是人情感交流的最佳方式。即兴讲话时脱离文稿，讲话者目视听众、环视会场，听众会有一种被领导者“放在眼里”的感觉，从心理上拉近讲话者与听众的距离。这种注视，实际上是一种心与心的交流与沟通，给听众一种亲和感，增强了讲话的吸引力。

3. 姿态感染效应

据心理学家研究，从一个人的身体姿态可以看出一个人的情绪状态。

当我们观察一个自信、积极乐观的人时，你会发现他们在讲话时几乎都站得很直，挺胸抬头，双腿分开，以一个很稳的姿势（重心在两腿之间）支撑自己的身体，脸上带着微笑或反映着他们乐观心境的神情。

反之，观察一个十分焦虑、消极悲观的人时，他们在说话时往往习惯性地将重心放在同一个脚上，可能还弯着腰、低着头，有时候还会采用一只手或双手交叉放于胸前的防御姿势。

那么，什么样的姿态能给起听众感染效应呢？最好的姿态就是脱稿开讲，因为这时你的身体可坐可立，手势可招可挥，大有挥斥方遒之势。良好的手势动作是语言的必要补充，会极大地增强语言的感染力和号召力。一个协调、得体、大方的讲演动作，能够为听众留下美好的印象。

4. 激情煽动效应

常言道，“语为情动，言为心声”。以情感人，是照稿念话难以达到的效果。即兴讲话摆脱了文稿的束缚，使领导者思维的天地更加广泛，演讲时语调时高时低，频率时缓时急，时而慷慨激昂，时而声情并茂，时而妙趣横生，特别是能随时把握场面气氛和听众的心理，贴近听众，紧扣人心，引起共鸣。即兴讲话不但有助于领导者语言的现场组织和发挥，而且口语化表达简明通俗，容易入脑、入耳、入心，有助于听众的理解，达到鼓劲、宣传、动员之目的。

“冰冻三尺，非一日之寒”。即兴讲话的技巧是多方面的，练就临场发挥的水平也非一日之功，中层领导者要在实践中不断钻研和锻炼。

第二章 与上司相处的说话艺术

作为中层领导，与上司打交道是常有的事情。但大部分中层领导的感受是上司永远都是不可捉摸的，无法猜透其意图。于是，中层领导总是战战兢兢，如履薄冰。其实，并非“老虎的屁股摸不得”，而是在于怎样“摸”，这就要求中层领导要掌握与上司沟通的语言技巧。

一、赞美上司的话要含蓄

要想获得上司的好感，是离不开赞美的，但赞美的话一定要真诚、含蓄。赞美的话人人都爱听，若你对他人说赞美话，说得恰如其分，而且很巧妙，他一定十分高兴，对你也会心生好感。

那么，怎样做才能含而不露地赞扬上司呢？

1. 指导思想要正确

上司同其他人一样，也有七情六欲，也会为成功而欢欣鼓舞，为失败而痛惜不已。因此，适度地赞扬上司，能够在不同程度上增强上司的进取心和自信心。但不可借赞扬之机，无原则地对上司大加吹捧。赞扬不当，很可能受到上司的斥责，被领导视为“小人”。

2. 赞美语言要正确

赞美上司最好以“公众”的语气赞美，同时把自己的赞美融入进去。

赞美上司要尽量使用“中性”词，切不可滥用形容词和副词。态度要诚恳，要出于真心。如果开口“最、最、最”，闭口“很、很、很”，不免使上司感到你言过其实，而且感到你比较虚浮，言不由衷。例如，一位领导同志经常自己动手写讲话稿，偶尔秘书为他准备稿子时也是事先把稿子的“路子”告诉秘书，供执笔人参考。因此，秘书经常对他说“像您这样做领导，我们都快失业了”“人家都说写稿子是苦差事，可是为您写稿子是美差事”。由于赞扬恰如其分，这位领导每次都愉快地接受了。如果秘书说“您真有水平”“别的领导都比不上您”，那么这位领导一定接受不了，这样的赞美也不会有好的结果。

3. 赞美方法要正确

对上司值得赞美的优点，也要讲究赞美的方法。直接赞美和间接赞美可以并用。直接赞美，主要是指对上司个人“有话直说”，当面赞美。如上司刚作完报告，他主动询问你对报告的印象，那你就可以使用恰当的语言实事求是地进行直接赞美，切不要以“还可以”“凑合”之类的话应付了事。间接赞美主要指当面赞美上司时采用迂回的方法进行赞美。如上例，你还可以把大家听完报告后好的反映转告给上司。你自己的意见是直接赞美，大家的意见是间接赞美。

4. 内容要正确

赞美上司时，最要紧的是赞美上司真正在乎的事情。上司不在乎的事情你喋喋不休地赞美，难免招人讨厌。例如，某局李局长喜欢开车，常常自己驾车，并乐于谈论车技。一次李局长司机小张不慎在驾车过程中扭了腰，于是李局长让小张坐车，自己开车。当时正值车辆运行高峰，路上交通拥挤，但李局长的车开得稳而不慢。这时小张开口说：“想不到您的车技这么好，在这种情况下开得这么快，比专业司机还棒。”这句由衷的赞美之辞使李局长非常高兴。

5. 要注意场合

赞美自己的上司也是需要因地制宜的，因为情景和场合的不同是需要不同的赞美方式的。不同的场合赞美领导有着不同的注意事项，这一点是需要你自己进行揣摩和分析的。

张超到局长家做客，局长和夫人热情接待。于是张超就抓住局长与夫人在处理人际关系方面的热情、好客大加称赞。此外，在领导的上级面前要慎重称赞自己的领导，切莫将是非掺杂进去而弄巧成拙。在交际场合，称赞上司语言要简练，要起到“推销”领导的作用。

总之，赞扬上司要适度，要因人而异。当然，作为下属，既不要为会赞美上司而沾沾自喜，也不要为不谙此术而烦恼。因为，决定你事业成败的关键，绝不仅仅是你会不会赞美。

二、与上司开玩笑要分清场合

在工作中，上司是你的领导，你是他的下属，他布置任务，你执行任务，双方有着明确的上下级关系。作为中层，如果你在工作场合和领导开玩笑，领导和下属之间就会没有距离，领导很容易就失去权威。领导会认为开玩笑的下属不懂规矩，没有权力意识。

王娟是某公司后勤部的行政专员，她这个人总是嘻嘻哈哈，开玩笑不注意场合，毫无分寸。她发现后勤部的经理斯斯文文，对下属也总是笑口常开，就开起了经理的玩笑。

有一次，经理穿着一身新衣服来上班，红西装、红裤子、红领带，正好在走廊上被王娟碰上。王娟夸张地说：“经理，您今天穿新衣服了。”经理听了很开心，不过还没等他品味喜悦的感觉，王娟又补充了一句：“怎么整个人看起来像一个火龙果呢？”经理听后心里很不是滋味。

后来，由于王娟接二连三地跟经理开过火的玩笑，经理根本不愿意接触王娟，以至于王娟无法与上司经常沟通交流，工作开展得也很不顺利。

王娟看到经理穿新衣服进行一下评价本来无可厚非，但把穿一身红色衣服的经理说成像个火龙果就显得太不礼貌了。作为我们的上司，肯定渴望得到下属应有的尊重，而王娟的玩笑却带有贬损之意，经理听了肯定不高兴。

王局长下午要主持一个大型企划会议，需要准备一些资料。于是就把这件事交给小陈去办，小陈处理这类事很有经验，没多久就把资料交给王局长了。

王局长翻阅着资料，慎重地问："这件事上面的人很重视，资料内的数字，你是不是都详细核对过？"

不料小陈却满不在乎嬉笑着说："大概不会错吧？"小陈的话刚说完，王局长把资料重重地往桌上一丢，怒气冲冲地说："你是在干什么？怎么可以说'大概'呢？"

小陈觉得有些委屈，心想："开个玩笑也不行呀？"

这种情形的发生，原因大致有下列三种：

（1）以对方用心思考、重视的事开玩笑。小陈的事例就是这种情形。王局长命令小陈替他准备他认为很重要的资料，而小陈却表现得嬉皮笑脸，毫不在乎。所以，王局长会动气发怒。

（2）个性耿直的人经常会把别人的玩笑话当真。

（3）对方有心事，没有心情听玩笑话。焦躁不安、过度疲劳、精神过于紧张等因素，也会使一个正常人的精神或肉体陷入紧绷状态，而听不进任何玩笑话。

另外，有强烈自卑感的人，也是开不得玩笑的。

开玩笑时，一定要注意以上因素。一般而言，玩笑话大多具有使工作场所变得活泼、化解呆板气氛的作用，问题在于我们是否能找准场合。

三、不要让上司当众没面子

与上司相处时，一定要维护上司的尊严。如果不懂得这个规则，轻者开会受到批评或责骂，重者会被压制，不得重用。

在某公司的职工代表大会上，代表们在讨论一个新方案。方案是由公司领导亲自起草的，某员工对这个方案有一些看法，他说："我认为，这个方案存在一些问题，至少还应该加入一点……"对于该员工的意见，上司只是神情冷漠地听了一遍，无所表示。

此时，另外一个员工则站起来发言道："我经过对这个方案的多方面考虑，认为有些不太理想的地方。我提出来，如果有什么不妥当的话，请各位领导指正……"

对于这位员工的意见，上司着实考虑了一番。从此以后，公司里的事，上司经常特意征求这位员工的意见。原因就在于他知道如何说话既能维护上司的尊严，又能表达自己的想法。

在上司面前，你最好不要表露出"我比你聪明"的意向，用谦虚的、请教的语气，既能维护上司的尊严，又能表达自己的想法。

所以，要做一个受上司欣赏的下属，就要给足上司面子。有些人讲话不分场合，心直口快，见到什么事情就会马上说出来，这样的人不管工作多么出色，都不会受领导赏识。

某公司里新招了一批员工，总经理抽时间与大家见个面。点名时他将"张烨"念成了"张华"。当时全场一片静寂，没有人应答。老板又念了一遍，这时一个员工站起来，怯生生地说："我叫张烨，不叫张华。"

人群中发出一阵低低的笑声。总经理的脸色有些不自然。

“报告总经理，我是打字员，是我把字打错了。”一个精干的小伙子站起来说道。“太马虎了，下次注意。”老板挥挥手，接着念下去。

没多久，打字员被提升为公关部经理。

其实，打字员并没有把名字弄错，他是主动揽过为上司化解了尴尬。

为了维护自己的权威，但凡领导都十分注意自己在公开场合的形象。如果我们遇到在公众场合必须给领导提意见的情况时，我们该如何做呢？

一次上朝，因为一件小事，魏征当着满朝文武之面犯颜直谏，说得唐太宗面红耳赤，大丢脸面。唐太宗毕竟是一个英明有为的皇帝，朝堂之上面不改色，但退朝之后，他却怒气冲冲地嚷道：“总有一天我要杀死这个乡巴佬！”长孙皇后听到后，问他要杀谁。唐太宗说：“魏征常常在朝廷上羞辱我。”长孙皇后闻言心中大惊，但是她深知唐太宗的脾气，于是急中生智，换上了隆重的礼服，恭贺唐太宗得到了一位忠臣。唐太宗突然醒悟，不但没有治魏征的罪，还采纳了魏征很多好的建议。

我们大家设想一下，如果唐太宗没有那么宽大的胸怀和气量的话，魏征的脑袋恐怕早就搬家了吧。

在现代企业里，作为一名与企业同舟共济、对领导高度负责的下属，一旦发现领导在工作中出现过错，不应该总是视而不见，采取明哲保身的态度，任由领导继续错下去，而必须拿出勇气，适时给予指出。但是必须注意不要在众人面前伤了领导的面子。如果下级的意见使领导感到难堪，即使他是出于善意的愿望，也会使领导的威信受到损害，并将影响到领导在决策、执行、监督等各个方面的决定权和影响力，这必然会降低领导权力的有效性，行使权力必须要以有效的服从为前提，没有服从，权力就会空有其名。所以私下指出领导的错误是比较好的方法。

四、同女上司说话应有分寸

男性中层领导和女上司共事，开始总会有点不太适应，尤其是已经习惯了在男上司手下工作的男性中层领导，总觉得女上司太难以捉摸，十分情绪化，不好相处，于是就会自然而然地选择对女上司敬而远之。这种消极做法其实就是一种逃避，这很可能会让女上司觉得你对她个人有什么看法和意见。

这种想法一旦深入女上司心里，要想改变可就困难了。因此，千万不要在工作中对女上司处处躲闪，应该尝试和女上司多一些接触，加深双方的了解，这样至少可以减少误会的发生。应该去了解、去体谅女上司，要知道她们不仅是女人还是上司，只要用一点心，男性中层领导也可以和女上司之间建立起一种良好的关系。

有许多男性中层领导对女上司都怀着一种矛盾的心理，一方面承认女上司们确实有着某些过人的能力；另一方面又无法克服心中那种不甘愿的情绪。所以，男性中层领导对女上司的态度总是有点生硬，眼看着那些女同事们用各种方法与女上司相处融洽，自己却苦无表现的机会。其实机会就在身边，就看你能把握住多少了。

许多看似无关紧要的小事，如果能适度表现一下你的体贴和温柔，肯定能让女上司对你的印象分提高不少。比如，如果发现女上司生病了，特别是当有打喷嚏、咳嗽之类明显症状的时候，你可以为她倒一杯热水，或是买上一盒药，这些小事很可能会令女上司对你好感倍增。但一定要注意，千万不可太自作聪明，不要表现得太细腻，这样会让女上司觉得你缺乏男子气概。

男性中层领导和女上司一起外出时，男性中层领导的体贴就有更多的表现机会。许多小小的细节问题可能你平时很少注意，但此时一定要记在心上。比如下车时为女上司开门，帮女上司提东西，甚至是给女上司递上一张纸巾，这些小事可以让平时精明干练的女上司享受到作为女性而被尊重与关怀。

不过“体贴”女上司有时也有风险，如果表现得太过火，很容易引起不必要的误会，因此把握分寸至关重要，所以，相处技巧必须要加以揣摩。表现得太殷勤、太频繁会令女上司产生疑惑，但也不能因此就放弃这种能跟女上司搞好关系、让女上司对自己另眼相看的策略。

总之，和女性上司相处，女性中层领导要心胸开阔，多寻找彼此的共同点；男性中层领导要充分表现自己的绅士风度，要尽量控制自己的情绪，为人处世更要注意分寸。如果中层领导能做到这一点，定会受益匪浅。

一个女人能在职场中占有一定的地位，肯定要付出比男性多几倍的努力，她得牺牲一些原本自己可以享受到的幸福来换取事业上的成功。仅凭这一点你就应该收敛一下自己的骄傲和嫉妒，在心中记起上司也是一位需要尊重的女性，适时地给予上司一些帮助，让上司感受到你对她的尊重。

如果中层领导以往习惯了和男上司相处，那么在女上司面前就更要多注意，言谈不要太随便，要注意分寸。有很多只有同性间才能开的玩笑，千万不要用在异性身上，尤其是对女上司，否则后果不堪设想。

尤其是在男性比例较高的工作环境中，男员工的警惕性会自然下降，等到面对一位女上司时，一定要尽快把自己调整过来，要进退得体，应答有礼，千万不要让女上司有被冒犯的感觉。

同女上司共事，即使想赞美她也要多加注意，女人心思细腻，对于虚情假意的谎言她们特别痛恨。如果你不善于赞美人，就不要在女上司面前乱用这一招了，否则很有可能会弄巧成拙。

五、如何读懂上司的心理

《资治通鉴》中有这么一段故事：

汉朝有个叫上官桀的养马人，其正式官名是“厩令”，他所服务的对象正好是鼎鼎大名的汉武帝刘彻。一次，刘彻生病了，病愈后，他去马厩看马，这就如同咱们去车库开自己多日未见的爱车一样心情大好，可到马厩一看，发现自己的爱马掉了膘，没了往日的精神头。汉武帝震怒：“令以我不复见马邪？”此话相当严重，翻译过来就是说：厩令以为我病得要死再也看不到马了吗？这就等同于杀头了。

就在汉武帝要治上官桀的罪时，上官桀立即跪下磕头哭泣道：“臣闻圣体不安，日夜忧惧，意诚不在马。”上官桀的聪明之处就在这儿，他首先承认心思确实没有用在养马上，这是不言而喻的事，狡赖没用，但原因是自己听说皇上身体欠安，日夜心急如焚！话没说完，早已经泣不成声，几近达到涕泗滂沱的程度。

汉武帝听了心里边颇为受用，认为上官桀忠心可嘉，由是视之为心腹近臣，后来还诏令其辅佐太子。

由此可见，中层领导与上司交流时，要三思而后说，说话前需要仔细倾听上司的谈话内容，同时要注意观察上司的表情变化，以此来准确判断上司的心理，说出他希望听到的话，满足他的心理需求，这样与上司的交流就会顺利进行。

具体来说，中层领导要读懂上司的心理，创造双赢互动，可从以下三个方面着手：

1. 了解上司的核心价值观

每个人都有自己最在意的价值观，这些信念构成了我们的内在思想基础，所以心理学家们称之为“核心价值观”。

这些核心价值观不太能妥协，不容易改变，所以也往往是最容易引爆我们情绪的原因。如有的上司在意守时，只要有人迟到，他就会发怒；有的上司则注重诚实，所以一旦你言辞闪烁，他就立刻大加斥责。

此外，还有人重勤俭，有人看效率等。只要多跟同事们打听，并培养敏锐的观察力，你就能找出上司的核心价值观，并调整自己的工作态度来与之配合，这样就会顺利开展工作。

2. 洞察上司的情绪反应

仔细打量一下上司的应对进退，什么事会让他高兴？什么事会惹他生气？什么事会让他焦虑？什么事又会对他产生压力呢？而当他出现这些异常的情绪反应时，他通常的处理模式怎样？

我们每个人都有着固定的情绪处理模式，每次发作时的过程也都差不多，所以一旦掌握了上司的情绪反应，下次你就知道该如何避开“雷区”，并能采取更好的沟通方式，以免不慎让对方的情绪雪上加霜。

例如，你发现上司是个习惯晚上工作的人，早上往往大脑仍因思维不够而不太敏捷，这时去向他报告工作所碰到的瓶颈，就容易惹来一顿责骂，所以，此时你就得耐心等待一下，等到早晨过去以后再去报告。

3. 掌握上司的沟通模式

沟通专家们发现，我们每个人最习惯的沟通方式各有不同，所以很多时候有“沟”没有“通”的原因之一，其实是没能掌握到与对方沟通的最佳通道。在这方面，“差一点”可是差很多的，许多冲突就是由此造成。人们的沟通模式大致可以分成三类：

（1）视觉型。这种类型说话者的语速快，呼吸急促，并常用视觉词汇，例如“我‘看’不出来”等。如果上司是视觉型的沟通者，那他会喜欢阅读书面数据，所以跟他沟通工作事项时，光是口头说明效果不彰，别忘了一定也要准备一份书面报告，好让上司能瞧个仔细。此外，加快你的语速来配合对方，也会提升你的沟通效率。

（2）听觉型。听觉型的人说话速度适中，温和而有节奏，喜欢用“听起来”“倾听”等字眼，如“这主意‘听’起来不错！”或是“这‘听’起来没啥特别的嘛！”而你也许已经猜到了，与这样的上司用口头简报的方式来沟通，效果最佳。

（3）感觉型。说话者的语速缓慢，呼吸深长，喜欢用“感觉”“掌握”等字眼。与感觉型的上司沟通时，情绪的气氛营造很重要，察言观色的功力绝不可少。话慢慢说，只要感觉对了，事情就一定能搞定。

古语说：“衣不如新，人不如故。”和上司相处的时间长了，通过观察他的表情变化就可以了解他的心理。需要知道，在与上司交谈的过程中，他所说的每一句话、他的每一个表情都会给你提供一些信息，只要你认真去听、认真去观察，读懂上司的心理就不是难事。

六、不要和上司言无不尽

相信有不少职场人士，当面对同事以及领导的时候，常常是问什么就答什么，可以说是知无不言，言无不尽，没有一点自我保护意识，其实这很危险。虽然你很诚实，但是却太不成熟。

一位朋友跟我说，她的领导近日正在冷落一位为人耿直的小伙子，很多重要的项目都不交给他做。我好奇地问道：“这小伙子如何耿直法呢？”朋友说，上个月开部门会议时，领导总结了近一月来的工作成果以及不足之处，之后领导便象征性地说了句，请大家畅所欲言，谈谈自己的看法，可以指出他做得不好的地方。于是，很多同事都是指出了自己在工作上存在的问题，以及提出了自己的建议。轮到这位小伙子的时候，他全程都是“领导如何如何”“领导这样做，我觉得怎样”“我觉得还可以这样改进”……虽然小伙子指出的这些问题，大家也都知道是领导的不足之处，但是这位小伙子却太直白了。小伙子一番“高论”后，顿时气氛紧张，所有人都不敢大声喘气，可小伙子还全然不知。从那以后，很多人都发现领导对这位小伙子不太重用了，很多重要项目都没有安排给他做。

我们从小就受过老师的谆谆教导，要诚实、正直地表达自己心中的所思、所想，这本身是无可厚非的，但在实际应用中一定要顾及别人的感受。

卡耐基曾说："一个人的成功，知识技能和沟通能力同样重要。空有才能却不善交流的人，是无法笑傲职场的。"

在职场上，就算你业务能力很强，却很有可能因为说话不当而不受领导的青睐。

张倩是M公司后勤部的一个普通职员，当得知自己被调往行政部的时候非常开心，因为行政部经理是她的大学同窗，在大学的时候两人情趣相投，无话不说。张倩本以为和她共事一定会很轻松，但情形并非如此。昔日的同窗、今日的上司对她完全没有以前那么热情，在公事上她言简意赅，张倩有些不很熟悉的环节向她请教的时候，她甚至含糊地一带而过；下班后她们也各走各的，再也不像以前那样，聊聊彼此的心里话。过了几天后，聪明的张倩就看出来了，同窗之所以这样做，一是想和她保持距离以分清职位高下便于管理，二是担心同样也很出色的张倩成为自己的竞争对手。张倩看出了这两点，不再对友情抱有太高期望，而是采取工作上上下级相处的方式与之打交道。

张倩的遭遇告诫我们，在职场上，上下级之间保持一定的距离，既保护了领导也保护了自己。只做上司的左膀右臂，在工作中积极配合领导，不去涉足领导的家事与隐私，在非正式场合，所谈的内容也要有所选择和避讳。

另外，真正的朋友关系往往建立在相似性的基础上，"物以类聚，人以群分"就是说的这种现象。企业家与企业家容易成为朋友，学者和学者容易达成共识，艺术家与艺术家有共同话题。上司和下属在缺乏共同根基时是难以真正建立平等友谊的。

假如你想和上司建立友谊，很可能会被同事视为"投机分子"。即便你获得了上司的信任，也会失去同事之间微妙的平衡，这将对你日后的工作造成一些不好的影响。

七、根据上司的兴趣说话

每个人都具有各自不同的爱好，而这种不同的爱好，往往反映出一个人的性格。因此，知道上司的兴趣爱好，也等于在一定程度上知道了上司的性格。

有个小伙子想向一位医术高明的老中医拜师学习，为了博得老中医的欢心，他在登门拜师之前做了认真细致的调查，了解到老中医平时爱好书法，就阅读了很多有关书法方面的书籍。起初，老中医对他态度冷淡。小伙子拿起老中医案几上放着的书写好的字幅，边欣赏边说："老先生这幅墨宝写得遒劲挺拔，真是好书法啊！"小伙子对老中医的书法予以赞赏，老中医听了小伙子的话淡淡一笑。小伙子一见有戏，于是接着说："老先生，您这写的是唐代颜真卿所创的颜体吧？"这样，又进一步激发了老中医的谈话兴趣。果然，老中医的态度发生了转变，话也多了起来。接着，小伙子对所谈话题着意挖掘、环环相扣，终于一步一步打开了老中医的话匣子，两人谈得十分投机。最后，老中医欣然收下了这个弟子。这位聪明的小伙子巧妙地运用了老中医感兴趣的话题，赢得了老中医的欢心，也顺利地成为老中医的弟子。

中层领导免不了要向上司请示和汇报工作，很多中层领导一面对上司就不知道如何开口。交谈过程中，由于话不投机或不善表达，常出现冷场的情况。冷场无论对于交谈、聚会，还是议事、谈判，都是令人窘迫的局面。例如，在聚会上我们想不到有什么风趣或是言之有物的话可说；在求职面试时拼命地想给人好印象，却紧张得结结巴巴不知所云。事实上，要想和上司谈得投机，最好的办法是从一个话题到另一个话题地试着说。如果某个话题不行，再试下一个，直到找到上司喜欢的话题，然后再一步一步深入挖掘，和上司的交流就会很顺畅。那么如何才能找到上司喜欢的话题呢?

首先，要留心观察。从上司的服饰、举止、谈吐可以看出他的心情、精神状态和生活习惯。开始谈话前首先看看上司的心情如何，如果上司的心情不错，和他的谈话就可以随意一些，可以说一些赞美他的服饰之类的话。例如，他今天穿了一双耐克气垫运动鞋，你可以以耐克鞋为话题开始你们的谈话。

其次，要以话试探。和上司谈话切忌过于直率，要尽量委婉一些。要先说一些寒暄的话，试探领导的喜好，如果感觉领导很喜欢某个话题，你就可以对此话题充分展开来谈，这样可以拉近你与上司的距离。

总而言之，要想获得上司的好感，就要说上司喜欢听的话，同时，要知道关心、体谅上司，坦率、热情是与上司交流的最有力的“武器”。只要以这样的态度去努力，“坚冰”就可以融化，获得上司的欣赏也不是难事。

第三章　与上司谈工作的说话艺术

对上司交代下来的工作，不管你是否能够处理，都应该说“我马上处理”这句话。要知道，“马上处理”并不是说一定能够处理好，而是表示一种态度。对于上司来说，他们需要你这种积极的工作态度。如果接下来把事情处理好了，说明你有本事，如果处理不好，也说明你尽力而为了。

一、与上司建立有效沟通的方法

中层领导要与自己的上司达成互动性的默契。所谓互动，就是同上司间的沟通、交流达到某种程度上的互助、互补、互利；所谓默契，就是在脾气个性、处事方式等方面达成某种共识，以体谅与合作甚至心照不宣的方式共同促进。只有这样，才能让自己真正起到上联高层、下达员工的作用。那么，怎样才能达成这种互动性的默契关系呢？

1. 要善于领会上司的意图

有些上司说话办事的意图很明显，你照章办事即可，但有些上司的工作风格就比较含蓄了，他们在说话时往往不将自己的意图说得那么明显，不把话说满、点透。这时候就需要我们多一点心思，仔细去领会话语中的潜台词，从而做出自己的判断，才有可能同上司达到某种默契。

2. 要勇于表达自己的想法

当上司真诚地想征询一下你的意见时，或者对某事的看法时，此时，你不妨说出自己的见解，提出自己的主张。这样不仅容易在上下级之间产生交流与共鸣，形成互动互补的默契，还能使自己的才能得到体现，从而争取到脱颖而出的机会。

C公司准备招聘一批新人，任务下达给了人力资源部。人力资源部的主管张娟是一位十分精明的女性。为了使招聘活动更加圆满，在向老板提交了工作计划后，她对老板说："赵总，写这个工作计划时，我时常想起自己当年来公司时的情景，那可是什么都不怕啊！特别渴望有一种成就感。所以，我希望能摒弃员工的那种给人打工的感觉，公开提出'同企业一同成长'的目标，让来应聘的每一个人都感到有奔头。"赵总一听，十分赞同，同时对张娟的能力有了更深的认识。

3. 随时向上司汇报工作的进度

现在，你已经按照计划开展工作了，那么，你应该留意自己工作的进度是否和计划书一致，无论是提前还是延迟了工期，你都应该及时向你的上司汇报，让上司知道你现在在干什么、取得了什么成效，并及时听取上司的意见和建议。

4. 要乐于提供有用的信息

领导决策往往是通过征询下面的一些意见和建议，然后根据这些信息做出合理的决策。所以，作为中层领导要能敏感地注意到工作中、同事中的种种情形，主动地向上司提供一些有用的信息，这样就容易使双方形成互动互助的关系，而自己在工作中也就有了更大的回旋空间或提拔机会。

王力是一家造纸厂的车间主任，一次，他在总经理前来视察时，一个劲地抱怨"地方太窄，连转身都困难"。他嘟嘟囔囔地发了一通牢骚，却没说出自己的意见，这令总经理很不高兴。旁边的车间副主任小赵就不同了，小赵说："以我看啊，这是设备放置不合理造成的问题，应当把这些设备摆放整齐才好，把不常用的设备挪到隔壁的车间里去。我算了一下，这样就能腾出三四十平方米的空间。”小赵的话一出口，立即得到了总经理的重视。因为他没有抱怨，而是提出了具体的建议。没多久，小赵就被提拔为车间主任了。

5. 在工作完成后及时总结汇报

经过你和部门同事的共同努力，你们终于完成了这项工作，你应该及时将此次工作进行总结汇报，包括成功的经验和其中的不足之处，以便在今后的工作中改进提高。同时不要忘记在总结报告中提及上司的正确指导和下属的辛勤工作。至此，一项工作的请示与汇报才算基本结束。

千万不要忽视请示与汇报的作用，因为它是你和上司进行沟通的主要渠道。你应该把每一次的请示、汇报工作都做得完美无缺，这样上司对你的信任和赏识也就会慢慢加深。

如果掌握了以上方法，和上司建立有效沟通也不是难事。“天下无难事，只怕有心人”，只要你肯努力，就会有回报。

二、掌握和上司讲话的句型

相信不少人一跟上司说话，就会莫名的紧张，说话语无伦次，无法说出自己想要表达的东西。这种状况一次两次尚可接受，如果每次都是这样，就显得这个员工太窝囊没有本事了。所以，作为中层的你，上司如果对你有了这样的评价，你在职场的发展就危险了。所以想在职场中得到领导的喜欢和提拔，就一定要掌握住以下七个跟上司说话的句型：

句型一：我们似乎碰到了一些状况。

这个句型的妙处在于以最婉约的方式传递坏消息。

如果立刻冲到上司的办公室报告某个坏消息，就算不是你的事，也只会让上司质疑你处理危机的能力。此时你应该以不带情绪起伏的声调从容不迫地说出本句型，让上司觉得事情并非无法解决，而且你会与上司站在同一阵线并肩作战。

句型二：放心吧，关于这个事情我已经处理好了。

要时刻注意领导所关心的事情，因此，在合适的时机，及时地跟领导说“放心吧，关于这个事情我已经处理好了”，此语一出，领导就会如释重负，对你肯定是认可和赞赏的了。这个句型的要点是，要提前对领导所关心的事情有所注意、有所行动以及有所结果。其实，我们跟上司说话时的紧张，大多源于我们不知道要跟上司说什么，如果我们成功运用了这个句型，就有获得领导肯定的可能。

句型三：交给我，让我去解决，等我的回复吧。

要想得到上司的认可和提拔，就一定要让领导知道你做了什么。所以，你要在上司面前学会自我表现，但需要注意一定是在你的能力以内的表现，如果你满嘴跑火车就会引起上司对你的能力产生怀疑，所以在与上司沟通说话的时候，如果觉得一个事情凭自己的一己之力能拿下的话，你就可以在领导面前挺直腰杆，对他说“交给我让我去解决，等我的回复吧”。或许用不了多久，你就会得到上司的喜欢和提拔。

句型四：让我再认真地想一想，某某点以前给您答复好吗。

这个句型的妙处是巧妙闪避你不知道的事。

上司问了你某个与业务有关的问题，而你不知该如何作答，但此时千万不可以说不知道。本句型不仅可以暂时为你解危，也让上司认为你在这件事情上很用心。不过事后可得做足功课，按时交出你的答案。

句型五：我很想知道您对某件事情的看法。

这个句型的妙处是既能恰如其分地表达你对上司的尊重，又能展示你的上进心。在上司滔滔不绝地诉说心得的时候，你不仅获益良多，也会让他对你的上进心刮目相看。

句型六：是我一时失察，不过幸好……

这个句型的妙处是承认疏漏和过失，但又不引起上司不满。犯错在所难免，勇于承认自己的过失非常重要，诀窍在于别让所有的矛头都指到自己身上，坦言却淡化你的过失，转移众人关注的焦点是这个句型的妙用。

句型七：谢谢您告诉我，我会仔细考虑您的建议。

这个句型的妙处是面对批评表现出虚心和冷静。

工作没做到位遭人批评，的确是一件令人苦恼的事。不需要将不满的情绪写在脸上，不卑不亢的表现令你看起来更有自信，更值得人敬重。

上面的这几种委婉句型关键时刻不但能够为你化解危机，也会在上司心目中为你树立良好的形象。所以，掌握和上司讲话的句型，说话前三思而后说，这样说出的话效果才会好。

三、怎样跟上司提要求

向上司提要求是一门沟通的艺术。一般来说，下属被动接受上司要求的居多，敢于向上司提要求的人并不多，特别是升职、加薪的事，很多人都是私下说得厉害，到了上司跟前却不知所措，不知道怎么和上司沟通才能达到目的。其实，向上司提要求并没有那么可怕，只要方式、方法恰当，就会事半功倍。

首先在公开场合提加薪的问题，一定是不可取。上司要是在公开场合答应为你一个人加薪，若是为你加薪的理由不是毫无争议，上司是很难平衡其他关系的，所以提加薪的问题不要选择在人多的场合。

一些人喜欢这样向上司说："我每天工作辛苦，任劳任怨，希望老板加薪。"这种说话方式其实是错误的。每个人工作都辛苦，如果是这个原因就加薪，那么加薪不会起到提高业绩的目的，上司往往是为了提升业绩才为员工加薪的。

那么，正确的做法该是什么呢？你可以这样说："老板，我最近头发掉得多，黑眼圈也明显了，这个月您可得给我加点钱买护理头发的产品和眼霜。这算是轻度工伤了。"你这样说话里有话，老板也会知晓你这一个月以来没少熬夜。而且这句话把加薪的目标换成护理头发的产品和眼霜，这个小要求把终极目标隐藏得很好，在让老板觉得你很幽默的同时，会领会你的真正目的。

还有就是，向上司提要求时，应当语气平和、面带微笑地陈述你的主要理由，然后再委婉地提出你的要求，尽量用征询的口气。

刘淼是某房地产公司的会计，整天坐在办公室与数字打交道，觉得挺没意思，想换个环境。于是，在一个上午，她瞧准经理一个人在办公室看报纸，就敲门走了进去。

"张经理，我有个小小的要求，不知您是否会答应？"刘淼微笑着看着经理，缓缓地说。

"什么要求？说说看！"

"我……我想换个环境，想到外面跑跑。"

"可你对业务不熟，跑什么呢？"经理面有难色。

"业务我可以慢慢熟悉，如果经理能给我这个机会的话，我会好好珍惜，一定不会让您失望。"

听刘淼这么一说，经理面色缓和了许多，问道："你具体想去哪个部门呢？"

"您认为我去采购部合不合适？我有些朋友在外长期做钢材和水泥生意，我通过他们，或许能用优惠的价格购进质量最好的建筑材料。"

经理想了想说："那你先试试吧，小刘，我可是要见你的成绩的。"

"谢谢经理给我这次机会，我一定好好干！"刘淼响亮地回答。

刘淼如愿以偿地调到了采购部。

许多人迟迟难以获得加薪和升职，并不是他们表现不好或没有工作能力，他们只是不善于表现自己而错失良机。如今的企业老板公务很忙，不可能每时每刻都留意到你的表现，作为中层的你，有必要主动、适时地表现自己，这样才能达到自己的预期目标。

加薪是岳华渴望已久的事情。论起资历，她在公司干了四年，工作兢兢业业，也没有犯什么过错，可是老板根本没有给她加薪的意思。岳华觉得自身价值得不到体现，心里很烦闷，她也曾多次在工作总结会上暗示过，但老板对此没有丝毫反应。若明确地向老板提出这个要求，岳华又怕遭到拒绝，但是不说又不甘心，最后她还是鼓起勇气，委婉地向老板说明了自己的意思。出乎意料的是，老板在观察了她几周后，果然为她加了薪。岳华因此总结出了一条经验：只要是属于自己的正当权益，就应该努力去争取。

当然，向老板提出加薪，要讲究技巧。你必须注意说话的方式，最好是巧妙地、委婉地把自己的意图传达给老板，就算万一不被老板接受，也不至于让双方陷入尴尬，以致影响日后的相处。如果以商量、倾诉的语气向老板陈述自己的意图，老板就会注意聆听，最终可能会为一向表现不错的你加薪。

四、巧用电话向领导汇报工作

作为中层的你，难免会遇到你要与领导进行工作沟通汇报，而高层领导一般又不经常在办公室，所以快捷沟通的方式就是打电话。

打电话汇报工作也是很有讲究的，其要领就是一个“巧”字，也就是打电话的时机和技巧。

在领导休息时，一般不要打电话干扰；应该当面汇报的事，不要在电话中讲；比较重要的机密事项，最好不用电话传递；自己做错了事，更不要只打电话不见面等。

领导急于掌握的情况，必须打电话尽快报告；受领导之托外出执行任务，必须及时向领导报告工作进展情况；得到重要消息，必须打电话尽快报告，让领导早有准备。

给领导打电话不要随心所欲，事先要有所考虑。要想一想该不该打，应该怎么说，对领导表示肯定或否定的态度应该做出何反应，等等。该打的电话也要打得及时，千万不要想“不必打搅领导”或“等事情办完了再打电话报告”。

一位总裁曾经谈起这样一件事：他的一个下属出差在外，到达目的地当天晚上打电话向他报告了一路的情况，以后每到一地都要给他打一两次电话。有几天，这位总裁也出差在外，他的那位下属竟及时把电话打到他的住处，向他报告工作情况。事后，这位总裁每谈及此事，总是说：“我走到哪里他的电话跟到哪里。”言外之意是非常满意。

及时打应该打的电话，比时过境迁打“马后炮”的电话更能表达你的工作责任心和对领导的尊重，也更容易获得领导对你的支持和信任。特别是当你所负责的工作遭到挫折或失败时，领导会乐于给你帮助和支持。

五、不要替上司做主张

有的时候，你会才思泉涌，可能比上司先想到决策，此时，你是不是应该直接将你的想法说出来呢？答案一定是否定的。

有的想法虽然很好，可不一定你说出来就合适。事实上，与人交谈最重要的是时机和技巧得当，与上司沟通更是如此。上司都喜欢别人认可自己，而一旦员工替自己做了决定，自己的权威就会受到影响。

所以，自作主张是中层领导与上司相处时的大忌。无论什么时候，只要上司没有授予你定夺的权力，你就不要越权替上司决定任何事情。中层领导绝对要避免在不该说话的时候说话、不该做主的时候做主，否则，吃亏的人绝对是你。

海伦是某杂志社的办公室主任，某期杂志出来以后，其中的一位作者想多要几本送给朋友，便打电话给杂志社主编。正巧主编有事外出，海伦接了电话。作者客气地说："麻烦你转告一下主编，我希望多要几本这期杂志。""这个啊，没问题！您直接过来拿就成。"海伦不加思考，爽快地答应了作者的要求。

当这位作者来取杂志时，主编正好回来了，他告诉作者已经给他送去了10本杂志。作者不解："刚才你们这里的一位小姐说要我立刻来取啊！"原来主编早已安排好了给作者再送10本杂志的，谁知海伦却把这件事给办复杂了。作者走后主编严厉地问："我想知道是哪位小姐告诉他可以立刻来取杂志的？是谁自作主张？"事情的结果可想而知，海伦受到主编的严厉批评，不用说，她在主编心目中的印象也大打折扣。既然是别人点名找你的上司，作为下属就该转告，而不是替他做主。虽然只是一句话而已，但本来可以由上司卖出的人情，却被你无意"挥霍"了。想想看，上司能不为此恼怒吗？

某日，海伦又接到一个想多要几本杂志的作者的电话，这回她接受上次自作主张的教训，委婉地说："我也不知道还有没有，我去问一下主编，然后回复您。"这次海伦的回答就很巧妙，没有直接说"有"还是"没有"，而是把决断权留给主编来做，这样既不得罪作者，又充分表现出对领导的尊重。

我们要清楚：上司就是上司，下属就是下属，对于工作上的事，无论你和上司关系多么好，也不要自作主张。称职的中层领导要懂得什么时候该说什么、什么时候该做什么。很多时候，上司需要在行使自己权力的同时送出自己的人情，以便于将来更好地开展工作。如果你擅自将上司的这种人情送出，上司口中虽然不说什么，但是心里是不会很舒服的。

六、跟上司说“不”有讲究

“小康，请你今晚把这一叠资料抄一遍。”经理指着厚厚一叠稿纸对秘书小康说。小康听到此言，面露难色，说：“这么多，抄得完吗？”“抄不完吗？那请你另觅轻松的去处吧！”于是小康被“炒了鱿鱼”。

像小康这样生硬、直接地拒绝上司的要求，给上司的感觉是她在对抗，不服从领导，她扫了上司的威信，被“炒”也就难免了。其实，她可以处理得更灵活些。她不妨这样做：立即搬过那一堆稿子埋头就抄起来，过一两个小时后，把抄好了的稿子交给经理，再委婉地表示自己的困难，那么经理肯定会很满足于自己说话的权威，并意识到自己要求的不合理之处，从而延长时限。这样的话小康就不至于被解雇了。

在工作中，面对来自上司的要求，而你确实力不能及，不得不说“不”时，千万不要马上表示不能接受，而应先谢谢他对你的信任和看重，并表示能有机会做这项工作很高兴，同时也很乐意为他效劳，然后再找机会向领导说明自己的困难。这样，充分体现了对领导的尊重，比直接拒绝有技巧多了。

秋高气爽，你正想利用这段黄金季节给你的居室动一次大手术；工作之余，你正不分昼夜地撰写一篇论文……这时，你的上司却要你去远方出趟差，而你要克服当前的困难还有一定的问题，这时是拒绝呢，还是心不甘、情不愿地碍于情面勉强接受下来呢？

显然，勉强接受下来的结果就是敷衍，你难以把全部心思用在新接手的工作上，即使任务完成了，也不见得能让上司和自己满意。这时，你最好的选择是拒绝。那么，怎样拒绝才能既不让自己难堪，又不失去上司的信任呢？这就需要从以下几个方面进行考虑了。

1. 理由一定要充足

首先，要表明自己对这项工作的重视，以及愿意接受的心情；然后再表明自己的遗憾，具体说明自己为什么不能接受。如“我手里有一个项目计划书，必须在这两天赶出来。”充足的理由、诚恳的态度，一定能获得领导的理解。

2. 不可一味地拒绝

尽管你拒绝的理由合情合理，但是领导也许仍坚持非你不行，这时，你便不能一味地拒绝，否则，领导可能会以为你只是在推托，从而怀疑你的工作干劲和能力，以致失去对你的信任。

3. 提出合理的接替方法

如果领导仍然坚持让你去完成这项工作，这时你要仔细考虑，千万不可因领导没有答应你的要求而怒气冲天。你可以坐下来与领导共商计策，或者说：“既然这样，那么过一天，等我手头的工作稍稍安排一下就去，您看怎么样？”你也可以向领导推荐一位能力相当的人，同时表示自己一定会去给他出点子、提建议。这样，你就能赢得领导的理解和信任，也会为你以后的工作铺开一条平坦的大道。

总的来说，拒绝领导意味着可能会得罪领导。因此，不管你拒绝的是公事还是私事，对领导说“不”是令领导不愉快的事情，但是如果事出有因，不得不说“不”时能够掌握对领导说“不”的技巧，并在实践中有区别地加以应用，一定会“拒而不绝”，让领导在你诚恳的话语中理解你的不便之处。

七、让上司看到你的成绩

日常生活中不乏这样的情况，有的人做了很多，但升职、涨薪的往往不是他；有的人虽然做得不是很多，但却得到老板的赞赏、同事的羡慕，加薪、评先进等好事不断。

相信每个人都想做后者不想做前者，那么，如何让别人看到你所做的、如何让老板关注你呢？

某招聘网曾以“让老板看到你的成绩”为标题做了一次调查，有38%的受访者表示，老板主动看到了自己的工作成绩；27%的受访者认为，经过暗示或提醒老板才看到自己的成绩；而有35%的受访者认为，老板根本不注意自己的成绩。

被老板忽视怎么办？埋头苦干了一年，或许你会辛酸地发现，虽然你是任劳任怨最辛苦的那一个，但在加薪、升职时却不是最先被考虑的那一个。原因在于，你的成绩领导没有看到。

因此，很多职场专家提出一个观点：要学会“说”出你的成绩，学会表现自己。但是，在哪种场合说？如何表现？这实在是一门艺术——做得到位，能锦上添花；说错话，则会弄巧成拙。

要想让老板注意到你的成绩，首先要明白老板对你工作的要求，正所谓“好钢要用在刀刃上”。选择直接和老板沟通很有必要，这样能避免做很多的无用功，做到事半功倍。

具体来说，让领导看到自己的成绩有如下几个技巧：

1. 自己主动说

这个技巧的注意事项是：如果一味强调自己的付出，会令你的团队合作精神大打折扣。

艾敏是销售部的主管，工作中深受父母“少说多做”这一教导的影响，在公司做了三年，眼看一起工作的同事升职的升职、加薪的加薪，唯独她还在原地不动。这让她感叹：人在职场，“说”不是万能的，但“不说”是万万不能的。

艾敏及时调整自己的职场策略，既做也说，短短一年时间，就从销售主管升任销售经理。她发现，向领导表功的“说”法基本有以下两种。

第一，当面和领导说。比如，做一个项目时，她会就项目的难点向领导请教，既让领导知晓是她在做这个项目，也是在告诉领导这个项目有多难做。而项目谈成时，她会以此为名请领导和同事吃饭，名为庆贺，实则告知领导：瞧，这个堡垒被我攻下了。

第二，借工作总结说。每完成一个项目，艾敏会将项目完成前后的过程形成书面报告，细数自己的得失。这既让领导知道了她为这个项目付出的辛劳，也让领导因这份认真和严谨而对她刮目相看。

但相对于这种单项工作的总结，艾敏认为每年的年终总结更是“说”的最佳时机。一般说来，员工本年度的表现，是年后人事升迁、调动的重要依据，若年终总结“说”得漂亮、打动人心，会为本人加分不少。她升任部门经理前的年终总结，别人草草了事，而她费尽心思，细数一年中自己的每一项成绩，又认真总结经验教训，既实事求是，又充满感情，字里行间尽显一个既能出色完成工作也不回避失败教训的职场女性形象。据说，分管副总看了她的年终总结后，认为这是他看到的唯一一份用心写的年终总结。结果不用说，年后，艾敏便获得了升职。

2. 用 E-mail 说

这个技巧的注意事项是：如果事无巨细都发 E-mail 给领导过目，很容易引起领导的反感。

艾克在公司市场部工作，主要职责是对近期公司的市场情况进行调查和反馈，把数据整理出来进行系统分析，并形成书面文字，把它交给自己的主管领导，作为公司下一步经营决策的参考。

这项工作的烦琐是显而易见的，但更让艾克心不甘情不愿的是，每次她的主管领导捧着一堆她精心整理出来的资料向总经理汇报工作时，对总经理的称赞总是受之无愧，而从不提及艾克的辛劳！

有一次，艾克加班到深夜，才做完冗长的数据分析，她像往常一样把资料 E-mail 给主管领导，但一不小心，点成了群发，总经理也收到了这份邮件。第二天，艾克就被叫到总经理办公室，生平第一回受到总经理的嘉奖。

从此以后，艾克巧妙地利用 E-mail，有意无意地把工作成绩“失误”地抄送给总经理一份。半年后，她的主管领导被调至其他部门，由艾克主持部门工作。

但是艾克说，给领导发 E-mail 时需要掌握一个原则，那就是有选择地将最能体现自己能力的工作成绩展示给领导，且频率不宜过高。如果事无巨细都发 E-mail 给领导过目，一则领导没有这么多时间看，二则很容易引起领导的怀疑和反感。

3. 借同事之口说

这个技巧的注意事项是：作为中层领导的你确实在做事，且做得不错，这是“借同事之口说”的前提。

如果你是一个羞于表现自己的人，那么在职场中找到一个心意相通的人，借他的口向上司说出自己想说的话，是再好不过的事情了。

晓苓是企划部的主管。某天，她加班写一个活动方案，一直忙到深夜十二点。第二天上班，自然没精打采，以至于送给主任的一份报告出了个不小的差错。正当主任一脸不高兴地拿着报告要兴师问罪时，邻座的同事陈然忽然夸张地说道：“晓苓，你不能再熬夜加班了，瞧你的熊猫眼！”

显然，主任听到了陈然的话，气消了不少。陈然冲晓苓做了个鬼脸，晓苓才知道是陈然帮自己化解了这场风暴。

之后，两个女孩好像达成了默契一般，只要主任在场，总会一唱一和地互道对方的好。有一次，陈然花了两个月时间谈下一笔业务，可主任却不知个中艰难。开会时，晓苓装作非常佩服的样子说：“哇，陈然，这笔单子居然被你谈下来了？你太厉害了！”这样主任知道了陈然的工作成绩。

如果晓苓外出办事，在主任经过办公室时，陈然总要给晓苓打个电话，不是叮嘱天冷加衣，就是天热防中暑，意在告知从身边经过的主任：你的下属在外奔波，辛苦着呢！

时间久了，主任不仅体谅到她们的努力与辛劳，还觉得自己的下属团结向上，情谊可嘉，对她们日益欣赏。

当然，“借同事之口说”一定要基于事实，否则就难免有“狼狈为奸、沆瀣一气”之嫌了。

总之，上司不会将自己的注意力集中在某个员工的业绩上，他们关心的是整个公司的运转。所以，作为中层领导，要想让上司注意到你的成绩，你就要不留痕迹地表功劳。如果你没勇气直接向上司表露功绩，就学习一下这种间接的表功方式吧。

第四章　给上司提意见时的说话艺术

俗话说："人情留一线，日后好见面。"这句话提醒人们，在生活中很多尴尬都是由于说话太绝对，没给他人留情面造成的。说话时要给对方留情面，不要直接指出对方的错误，否则别人也不会给你留情面，使彼此陷入尴尬境地。说话的时候要提醒自己，要给自己留余地，使自己可进可退，始终处于主动的位置。这样虽然不能保证自己一定会战无不胜，但是至少不会败得一塌糊涂。

一、给上司提意见的原则

作为中层管理者，为了把工作做得更好，与领导沟通、给上司提意见和建议是非常必要的，但要掌握一定的技巧，否则就可能引火烧身。所以，给上司提意见和建议需要智慧，掌握一定的技巧，并且能够做到审时度势，意见被采纳的概率还是比较大的。

1. 不要直接否定上司的决策

你可以先抓住上司意见中的某一处被你所认同的地方大加肯定和赞赏，然后再提出相反的意见，这时候你的意见往往容易被接受。

在某公司的一次例行会议上，小刘对经理关于质量问题的处理不是很满意。在经理征求大家意见的时候，小刘说："经理说得对，在产品质量方面，我们的确应当给予充分的重视，这是解决问题的前提之一。我认为，除此之外，我们还应当加强全体员工的质量意识。现在我观察到公司员工的质量意识并不强，工作中有疏忽大意的倾向，这股风气必须刹住，否则质量问题是很难得到彻底解决的。如果我们对各级员工都进行质量意识培训，员工看到公司上层如此重视，自然也就重视起来了。如果真能这么做的话，解决这个问题不费吹灰之力，公司也能以更快的速度发展。”

听了这番话，经理不断点头，采纳了小刘的意见，并对他这种敢于提意见的行为给予了肯定。

2. 不要损害上司的尊严

在上司面前，你最好不要表现得“我比你聪明”，在谦虚的请教之中表达你的意见是你最好的选择。在某公司的职代会上，公司讨论一个方案，小张发言：“我认为，还应该加入一点……”而小王的发言却是：“我经过对这个方案的多方面考虑，认为有点不太理想的地方，我提出来，如果有什么不妥，还请各位领导指正……”

对于小张的发言，上司只是神情冷漠地听了一遍，无所表示。对于小王的发言，上司却着实地考虑了一番。原因就在于小王掌握了上司的心理，知道如何去维护上司的尊严。

把握上司的自负心理，谦虚地提出你的建议和意见，一定会使你的事业飞黄腾达。

3. 不要夹杂个人目的

有这样一个实验：给被试者一份文稿，内容是主张对盗窃罪判以重刑，认为目前的处罚太轻。对A组被试者说，这份建议是法官提出来的；对B组被试者则说，这份建议是监狱中服刑的盗窃犯提出来的。其实这两份建议的内容是相同的。实验表明，B组被试者更倾向于认为对盗窃犯应该判以重刑。

这个实验说明，一个建议，其中夹杂的私利越少，越容易被人接受。因此，在向上司提建议时，你应该更多地从单位和工作的立场出发，显示出为整体或领导着想，而不是被领导认为“这个人只是为了达到个人的目的才提这个意见”。

4. 不要以为上司不愿听意见

“不要给上司提建议，显示自己高明并不好，他会嫉恨你的。再说，提出来也没用，即使再正确，他也不会听。”这是一些人在同上司的交往中总结出的经验。

其实这种说法是不对的。

一位公司的经理多次说，他以前不需要别人给出主意，需要的是有人去干。可是后来一次研究工作时，一位下属提了三条建议，他当时没说什么，可在实际工作中却采纳了两条，并取得了很好的效果。此后，他欢迎大家出主意，提出意见。

上司要处理的事千头万绪，但人的精力总是有限的，而且智者千虑，必有一失。这时，你提出建议，弥补或挽救他工作中出现的问题，他嘴上不说，心里是会感激你的。关键在于你提的建议真正有用，能帮到上司。

二、私下对上司说出不同意见

在日常工作中我们免不了要给上司提意见，但给上司提意见是一件有风险的事情。

从人性的角度来说，人都是不喜欢别人给自己提意见的。人性的弱点就是不喜欢接受批评和意见，对于提意见的人，会本能地反感和排斥。

所以，我们在给上司提意见的时候，还要讲点策略。那就是在私底下给你的上司提意见，因为私下提意见叫“补台”，当众提意见叫“拆台”。

小王是公司新任命的销售经理，一天，上司带着他一起去谈业务。这是他第一次和上司出去谈业务，这说明上司开始器重他了，所以小王心里很激动。

那天，对方想将上司灌醉，小王的上司喝了很多酒，作为下属的小王不便阻拦。当上司喝得迷迷糊糊的时候，对方提出一条有悖行规的要求，上司想都没想就点头答应了。小王知道自己的公司要吃亏了，但是在这种场合又不能直接说出自己的不同意见。于是他借口去卫生间，打电话给上司的秘书，告诉她这里的情况，叫她想办法赶快让上司暂时离开。当他回到座位上时，他的上司正拿着笔要在合同上签字。此时上司的手机铃声响了，上司接到电话后放下笔，匆匆地赶回公司。

回到公司之后，小王赶紧向上司道歉，然后将自己的意见说了出来："我想办法叫您回来，其实是想让您好好考虑一下那合同该不该签。对方这么急迫地想让您签订合同，即使这次不签，下次还有机会的。所以，请您给自己一点时间好好考虑一下，如果您觉得我这么做不对，请您处分我吧，我做好准备了。但是，我这么做完全是为公司着想。"

上司听完小王的话，微笑着对他的秘书说："怎样？我没看错人吧？"这个时候，小王才明白，原来这是上司给他的一个考验！

职场中人与人之间的关系是一种很微妙的"化学反应"，也许一件不经意的小事就能让你和上司的关系很好或者很坏，关键是看你说的话是否符合上司的心意。说话之前一定要注意你说的话会不会让别人没面子，会不会伤害到别人，即"三思而后说"。只有在工作中既敢于说话又善于说话的人，才能充分用自己的语言交际技巧来说服他人，使工作顺利进行，左右逢源。

三、给上司提意见要真诚

联邦快递中国区副总裁钟国仪曾经总结自己多年的经验："最需要做到的是用你的心去感觉你的员工想要表达的心意。"沟通能力的提升对于钟国仪来说是一个渐进的过程。刚参加工作时，钟国仪是"我讲你听"，后来是“多听少讲”，但是在对方讲话的时候，“我就在开始想我如何去反驳，我根本没有在听对方讲”。直到有一天，钟国仪明白了如何真正地倾听：“我可以把自己放在对方的位置上，用心去听他讲话；如果我还只是在平静地听时，我可能站在自己的立场上，而当我把自己放在对方的位置上时就不同了。”这就是换位思考和真诚沟通。

在工作中，说得最多的人并不一定是最受欢迎的人；背得很熟、讲得很顺畅的演讲并不一定就是成功的演讲。如果谈话者的态度缺少诚意，言之无物，无论他说的话多么流畅，也会失去吸引力。

提意见时说话的语气一定要委婉，态度要真诚，千万不要让领导觉得你是故意找茬。

在表达意见之前先做好铺垫，讲清楚事情的来龙去脉，领导要处理很多事，不会记得所有事情的细节和经过。

对大多数中层领导来说，当你试图取悦你的上司，尤其是当你担心说真话或表达内心的真实感受会让你的上司不满时，那么你说的话可能就不是发自内心的了。真正打动人心的讲话并不在于说得多么流畅、多么动听，而在于是否善于表达真诚。一个受上司器重的人并不一定是口若悬河的人，但一定是善于表达真诚的人。如果你能够用得体的语言表达出你的真诚，你就赢得了上司的信任。

四、态度是说服上司的关键

作为中层的你，如何和上司进行良好的沟通，决定着你在上司那里能不能顺利地给自己争取到资源，所以一定要多和上司保持沟通，并且掌握说服上司的一些方法，就能够在工作当中如鱼得水。

说服上司的方法有很多，其中至关重要的一点就是你的说话态度和敬语的运用，如果运用得好，它能帮助你恰到好处地表达出你的意见。你的坦率和诚意是劝说上司的法宝，即使上司不完全赞同你的观点，也不至于对你的话产生反感，更不会影响对你个人的看法。

说服上司时，一定要找个适合谈心的场所，良好的环境可以放松上司的心情，而在上司心情好时，下属成功的概率也比较大。在谈话过程中，要尽量营造出随意自然的气氛。

如果要改变上司已经决定的问题，下属最好不要直接进入主题，可以先将话题绕开，或是用一些比较顺耳的话来做开场白。比如说自己的工作业绩得到公司领导的肯定和表扬，要感谢上司的帮助和栽培。让上司明白，下属是一个懂得感恩的人。有了这种良好的开头，上司对下属的意见肯定能比较认真地去倾听。

接着，下属要诚恳地找出自己的缺点和不足，希望上司能继续对自己严格要求，帮助自己改掉缺点，使上司处于一个帮助人的位置上。这样上司就会放松心情，为下属创造机会。然后下属再提出自己的想法，而上司也会向下属透露他自己的想法，这时下属就可以顺藤摸瓜地把自己的意见和上司的观点结合起来。这样，下属提出的意见就容易被上司接受。

此外，中层领导在劝说上司时，也要特别注意时间的把握。时间对于管理者来说就是宝贵的财富。办事简洁利索，是中层领导的基本素质。简洁，就是有所选择、直截了当、十分清晰地向上司报告。因此，在劝说上司时，不要长篇大论，提前准备一个小提纲是个好办法，它能使上司在较短的时间内明白下属所要表达的意思。

当下属在最佳时间向上司表达意见的时候，最好能在一分钟之内打动上司，上司一般来说对又复杂又混乱的意见感到特别烦。所以，如果下属能在一分钟内说完意见，上司就会感到下属做事干练，思维非常清晰，如果上司觉得下属的说法确实有理，也比较容易接受。

反之，如果在一分钟之内下属不能够打动上司，上司会认为下属是在浪费他的时间，会对下属的长篇大论感到厌烦，在心底里已经否决掉了下属，这样下属做出再多的努力也无济于事。

五、对武断的上司要迂回说服

优秀的中层领导都知道一个道理，那就是站在对方的角度说话、办事最有效，声东击西就是通过曲折隐晦的语言形式，把自己的思想、意见暗示给对方的说服方法。这种语言表达方式既可达到让对方接受你意见的目的，又可避免难堪的场面的出现，所以常被用作说服的有效手段。要说服别人，尤其是那些武断的人，与其直截了当地去说，不如采用声东击西的策略迂回说服。

张娟是一家杂志社的策划部主管，她的经理曾在一家等级森严的企业中工作过多年，形成了态度强硬、行事武断的工作风格。

刚到杂志社没多久，张娟就听说，这个经理经常会提一些非常离谱的工作要求，而员工不能有任何异议，否则就可能被“炒鱿鱼”。

同事还透露，张娟的前任汪先生就是一个例子。有一次，老板让汪先生去执行一个很不合理的策划案，汪先生觉得根本没有可操作性，于是当即对老板说道：“经理，凭以往的经验，这个创意执行起来难度太大，可能不会有公司愿意承接这个项目。”经理马上对汪先生说道：“你连试都没试过，怎么就知道难度大？做了再说！”

汪先生自以为有理有据，和经理据理力争。最后的结局当然可想而知！

同事讲得津津有味，张娟却听得越来越紧张。

此后不久，经理召集全体员工开会，讨论如何增加杂志的发行量。会上，经理对张娟说道：“这两周你们策划部的人可以不坐办公室了，组织他们上街卖杂志！另外，动员全公司的员工家属购买，跟家属说，对内一律打五折。”听了这话，张娟真想对经理说：“不如让全世界的人都来帮我们摆地摊卖杂志！”但一想到前任汪先生的遭遇，她忍住了。

第二天，张娟来到经理办公室。

“经理，按照您昨天的指示，我连夜拟订了一份街头售刊的计划书，详细地把相关事项都列出来了，比如横幅、宣传单、统一着装等这些内容，还附了一个经费预支表，看上去经费有点离谱，不过我觉得咱们要做就要做好，才能起到宣传造势的作用。如果您觉得可行，就请您签个字，我们部门立刻执行。”

经理看着交到手上的这份计划书，又想想那高得离谱的经费开支，摇了摇头，再没说一句话……不久，张娟接到经理秘书的通知，街头卖杂志的计划被取消了。

面对经理的武断，聪明的张娟表面做出积极执行的样子，但实际上用那份无法实施的计划书向经理暗示：这个决策是不可实施的。这么一来，张娟既巧妙地保全了自己，又照顾到了经理的威信。

实际上，高层领导们在做决策时不可能事事完美，难免偶有失误，但事后他们多半会在心里自省。作为中层领导的你，如果能在高层领导失误时以巧妙的方式提醒他一下，相信他会对你刮目相看的。

六、提意见切忌攻击上司

一般来说，中层管理者给上司提建议的目的是辅助上司的工作，尽一个副手的责任。但有的中层管理者在自己的意见被上司否定后，就觉得很没面子，于是怒火中烧，开始和上司正面冲突，其实这种做法是大为不妥的。

赵先生是某公司的中层领导，因为这一段公司业务很好，需要加班，上班时间调配只是在实施前 1 天通知工人，工人们都不喜欢这种制度，因为时间太仓促。在第一次会议上赵先生说：“调班制度不行，工人的工作情绪很差！”他的上司很不高兴，说：“我看这个没什么不好，这个问题不用再讨论了。”然后就结束了会议。会后，赵先生认真反省了自己的说话方式，在第二次会议上，他说：“我很清楚换班时间基于生产原因不能太早就排出来，但是目前状况似乎很影响作业工人的士气。大家都知道，士气不高会影响生产效率，我建议尽量提早通知工人调班的时间。我说的话只代表我个人的意思，不知道诸位觉得有没有必要考虑。”这次，领导采纳了他的意见。

为什么赵先生两次提意见会收到不同的效果呢？在第一次发言中，赵先生把过错直接归为制度不合理，就相当于把错推在了上司身上，上司自然不高兴。而在第二次发言中，赵先生并没有将攻击目标指向上司，只用“目前状况”一词带过，还说“只代表个人的意思”，表示并没有纠合其他工人集体“作乱”，并且将决定权交给上司，丝毫没有威胁逼迫的意思。这就是赵先生第二次发言成功的原因。

在给上司提意见时，一定不要费心思去证明上司不对，你才是对的，公然指责上司的错误十有八九会引起上司的不悦与自卫心理。

社会心理学家发现，若想要自己的意见顺利被接受，最好的办法是由正、反两方面来烘托你的意见。先把情况概述一遍，然后提出你的建设性意见，强调你的意见是可供对方作一选择的。正、反两面都说，等于对方认可了你的意见，可以解除对方的“武装”。

这个方法一般情况下都能奏效，但在职场中，给上司提意见毕竟风险很大，作为中层领导，最好先看清楚上司能否纳谏如流，如果不能，就一定要注意了。

一位女士说：“我以前在一家中型百货公司做营销经理，发现公司里采用的推销方式比别人家落后 10 年。我就去和经理说，并提出了好几项建议。经理说，等他退休之后我爱怎么做就怎么做，可是他在一天就得听他的。”

这种情况固然有上司的原因，但这位女士的做事方式有欠周全。如果她在提建议时把这些建议都巧妙地暗示出来，而由经理自己说出口，让经理自己去做选择，也许效果会好一些。所以，学会提意见的说话技巧是很重要的。

第五章　应对上司批评的说话艺术

人在职场，被上司训斥是最窝火不过的事，嘴巧的，还能回赠上司一些理由；嘴笨又胆小的，只有频频点头，灰头土脸的；嘴巧、恃才，且受不了委屈的，还会萌生去意。被老板批评真的就是如此让人难以接受吗？换个角度，事情完全不是这样。英国学者利斯特曾说过："我能想象到的人的最高尚行为，除了传播真理外，就是公开放弃错误。"是的，错误并不可怕，被批评也不可怕，关键在于你怎样去认识和对待它们。从错误中吸取教训，从批评中汲取营养，这样，你就会逐步走向成熟，走向成功。

一、对待批评的基本原则

古人云："人非圣贤，孰能无过？"任何人都有可能犯错误，中层领导在工作中难免出现差错而被上司批评，这是很正常的事情。虽然"良药苦口利于病，忠言逆耳利于行"，但多数人是很难以积极的态度对待批评的，觉得受到批评是件十分丢脸的事，很多人为此和上司闹僵，甚至辞职走人。其实，事情并没有那么严重，犯了错误，接受批评是天经地义的事情，不必过于紧张。不过，面对上司的批评，有些原则还是值得注意的。

1. 有则改之、无则加勉

在职场上被上司批评是很常见的一件事情，很多时候由于工作未能按时完成或者没有做到上司想要的结果，这个时候是很容易和上司产生冲突。那些聪明的上司在批评下属时也会选择合适的时间和地点，很少会有上司当着全办公室人的面来批评自己的下属，除非情况非常严峻。

因此，在职场上被上司批评，是很平常的一件事情，作为中层的你大可不必耿耿于怀，正所谓“黄金无足色，白璧有微瑕，求人不求备”。一个人有些缺点是正常现象，怕的是讳疾忌医，“小疾”拖成“大病”。经常开展批评和自我批评，虚心接受批评，敢于正视自己的缺点和问题，才能不断改造自我、提高自我、完善自我，把自己所担负的工作干得更加出色。勇于正视自己的缺点和问题，是严于律己的具体体现。

以下是正确对待批评的态度，供中层管理者借鉴：

（1）诚恳接受批评，不推卸责任，不敷衍、欺骗领导。

（2）记录批评的重点，牢记心中，不怄气、不气馁。

（3）即使本人有不同意见，也要认真听取领导的批评；实在无法接受的批评，也要等领导讲完再作解释。

（4）有则改之，无则加勉。

总之，中层领导在有了过错，受到批评甚至处分后，不要一蹶不振，要勇于承认错误、改正错误，并从错误中接受教训，重新振作精神，以最好的状态投入到工作中。

2. 面对无端批评要积极辩解

中层领导被上司批评或指责，首先应该诚恳而虚心地听取，但这并不是说你一定要忍气吞声，不管上司说得对不对都要无条件接受，必要时我们应该做积极的辩解。

有时候，做错了事责任不在下属而是由于领导的缘故，这时应大胆辩解，分清责任，保护自己，但定要注意讲究方式和方法。

辩解的要点有以下几点：

（1）不必畏惧声色俱厉的上司，有时候这样的上司往往心更软。

（2）把握时机，寻找一个恰当的机会进行辩解，千万不能与领导发生争执。

（3）辩解越早越好。越早辩解，则越容易采取补救措。否则，因为害怕上司责骂而迟迟不说明，越拖越误事，上司会更生气。

二、如何应对不同情况的批评

职场中人，谁也不能保证每天都能开开心心工作，不被上司批评。上司批评你，是希望你对待错误有个正确的态度，因此，对待上司批评的态度很重要。一旦和上司有了冲突，绝对不能用敌对的眼光看待对方，否则只会使自己今后的处境更加尴尬。要知道，即使是很开明的上司也很注重自己的权威，希望得到下属的尊重。

中层领导被批评的原因有很多，有可能是你的原因，也有可能不是你的原因，还有可能是你得罪了上司。但是不管是什么原因，只要你还没想调离或辞职，就不可陷入僵局，否则在这样的环境里工作，你不仅不会愉快，而且会影响你的前程。

被上司批评后，不要带着情绪去工作，也不要寻求别人的理解。每个人都有自己的想法，要取得别人的理解，就要先学会理解别人。

比如，因为你说的某句话或者办的某件事受到上司的批评，你只想着上司能理解自己说话做事的目的，但是却没有站在上司的角度去分析问题。假如上司对你的批评是源于你自己的错误，你就不要急于解释了，最好的方式是将问题厘清，找到解决的办法，改进工作。

如果你是被上司误会或者被同事“陷害”的，就要在自己的情绪稳定后再找到上司和他当面好好沟通。如果时机成熟，最好能找到那个同事当面说清楚。但是要切记，不要等事情发生很长时间之后再去解决，时间太长，即使你是被“陷害”的，上司也会觉得你是一个记仇的人（那么长时间的事情了，到现在还记得，真是个心胸狭窄的人）。

如果你和上司有冲突，那么你要做的是消除与上司之间的隔阂，因为毕竟你还要与其相处，所以，最好自己主动伸出橄榄枝。如果是你错了，就要有认错的勇气，找出造成自己与上司冲突的症结，向上司作解释，表明自己在以后工作中会以此为鉴，希望继续得到上司的关心。假若是上司的原因，可以找个适当的时间和场合，以委婉的方式把自己的想法与他沟通一下。你也可以用自己一时冲动或是方式不当等原因，无伤大雅地请求上司原谅，这样既可以达到相互沟通的目的，又可以给上司一个体面的台阶下，有利于恢复你和他之间的良好关系。向上司表示尊重，不仅是你为了生存与发展而采取的明智之举，也是在向更多的人表示你的修养和风度。

三、接受上司的批评要从容

作为中层管理者，本来就处在公司的夹心层地带，如果再挨骂，或受到批评，心里难免会不痛快。其实，下属被上司批评是再正常不过的事了，但大多数人还是常常会产生抵触和抱怨情绪，从而影响到自己和上司的关系。如何面对上司的批评？关键还是个人的心态问题。人应当保持理性和冷静，被批评时只要态度端正就好。在别人指出你的缺点和错误时，能够自我反省的人是个有内涵的人，同时也能提升自己的人格。

上司批评你有他的道理，有时候错误的批评也有可接受的地方。确切地说，受批评才能了解上司，接受批评才能体现对上司的尊重。比如对待错误的批评，如果你处理得当，反而会变成有利因素。如果你不服气，发牢骚，那么你这种做法产生的负效应足以使你和上司之间的感情距离拉大，关系恶化。当上司认为你“批评不起”“批评不得”时，也就产生了相伴随的印象——认为你“用不起”“提拔不得”。

对于中层领导来说，如果上司在公开场合对你进行了不公正的批评、错误的指责，不但你心理上接受不了，而且思想上也会有波动。妥善的方法是，你可以一方面私下耐心做些解释；另一方面，用行动证明自己。当面顶撞上司是最不明智的做法，会使上司下不了台，甚至会激发矛盾。其实，你能坦然、大度地接受其批评，他会在潜意识中产生歉疚或感激之情，他也会自我反省：这次对你的批评是不是错了呢?

依靠公开场合耍威风来显示自己的权威，换取别人的顺从，这样不明智的上司是不多的。其实，你真遇到这种上司，更需要大度，只要有两次这种情况发生，失面子的就不再是你而是他本人了。所以，请记住：上司批评你时并不是要和你探讨什么，所以此刻绝不宜发生争执。

受到上司的批评时，反复纠缠、争辩，非得弄个水落石出才肯罢休，这是非常没有必要的。但确有误解怎么办？可找一两次机会表白一下，点到为止。即使上司没有为你“平冤昭雪”，也完全没必要纠缠不休。

不管怎样，突然受到来自上级的批评或训斥，肯定会给中层领导造成很大的影响。而要处理得好，首先要明白上司为什么要批评你。

我们可以这样认为：上司批评或训斥下属，有时是发现了问题，必须纠正；有时是出于一种调整关系的需要，告诉受批评者不要太自以为是，或把事情看得太简单；有时是为了显示自己的威信和尊严，与下属有意保持一定的距离；有时是“杀一儆百”；不该受批评的人受批评，其实还有一层“代人受过”的意思……明白了上司为什么批评你，便会从容应对了。

挨批评虽然在情感上、自尊心上难以接受，但作为一名中层领导，你一定不能情绪低落，而要用一种反思的态度对待批评，即“有则改之，无则加勉”，让上司和同事感到你是一个心胸宽广、经得起任何考验的人。

四、息灭上司的心头怒火

中层领导本来就是个“夹心饼”，两头受气，如果再遇到一个脾气大、爱发火的上司，那就更艰难了。那么该如何浇灭上司的心头怒火呢？这也是有方法可循的。

1. 管好“火源”

脾气大的人，往往性子比较急躁，一点就着，一碰就响。与这样的上司相处，你要了解他的性格特点，同时要理解他。他不是与你过不去，你呢，就像面对着一堆易燃易爆品，要切实管好火源——认真做好本职工作，上司交代的事不拖延耽搁，工作前做好各种准备。当遇到这样的上司发火时，最好的办法就是洗耳恭听，正确的则接受，不对的则事后再找机会说明，这比马上辩解——风助火势、火上浇油要高明得多。

上司正在火头上，最容易受情绪的支配，很难冷静地分析问题和听取意见，许多人正是在一怒之下做出许多后悔的事情。所以，你必须明白，向情绪尚处于激动状态的领导所做的任何辩白，在效果上都是徒劳的，而且会适得其反。

2. 善意规劝

一般情况下，人们发完脾气后都会有些后悔和自责，许多上司还会为自己不能“制怒”而懊悔。下属可以利用适当时机规劝上司，讲明发火对同事和对工作带来的不良影响。正因为上司此时已经懊悔，所以他可能会接受你的规劝。

3. 事后再做解释

不管上司发火在不在理，也不管你有多少理由，在其火气正盛之时，哪怕是一个字的解释也是多余的。你可以在上司发完脾气，安静下来后，找个合适的时间来做解释。如果你的确做错了事，一定不要羞于再见上司，害怕再被训斥。高明的上司是绝不会为同一个问题动两次肝火的。作为中层领导，在事后深刻地检讨和表明决心是十分必要的，这表明你并没有忽视上司的话，你有自我反省并希望有机会改正错误的意愿。此时，上司必然会说："其实昨天我的态度也不好……"这样，他就不会苛刻地要求你了，相反，作为对你"态度不好"的补偿，他可能较平常更为宽容和大度。如果上司对下属的责难是错误的，下属也应该在事后澄清，但是虽然道理在手，下属仍是要讲究策略。

4. 拿出行动来

事实胜于雄辩，行动胜于表白。有时候，上司发脾气时，我们只有拿出事实和行动来，才能息灭他的火气。如果上司是因为你的工作出现问题而大发脾气，你应该马上行动起来，采取措施补救和改正。上司看到他的话已经起了作用，火气自然就消去了一大半。如果领导发火不在理，使你受了委屈，那你更应该拿出行动，用事实来证明自己没有错。

五、不要当面顶撞上司

上司也会出现一些常人所犯的过错。当你完全确认上司出现了工作失误之后，你也要请上司对自己的指令再次确认，不能自作主张地不予执行或当场顶撞。对于上司工作中的失误，你要以合理的方式提出建议，千万不能让上司有难堪的感觉。

聪明的下属，在工作中要明确上司与下属的关系，要虚心接受上司的教诲。当受到上司的批评时，下属绝对不要直接顶撞上司，因为这是最不明智的做法。在公开场合被上司批评，如果顶撞了上司，上司会下不了台，如果上司一怒之下而发其威风时，就变成你下不了台。坦然大度地接受其批评，你给了他面子，他会在潜意识中产生歉疚感。

在不了解上司发火的原因时，你应该静下心来弄清原因对症下药，这样不仅能够化解上司的怒气，还会让上司对你沉稳的处事态度留下深刻的印象。

张磊在一家外贸公司工作。一天，他的上司怒气冲冲地来到办公室，见到办公室乱七八糟，不分青红皂白就批评了张磊一顿。此时张磊正在认真工作，被上司的批评弄得一头雾水。他认为上司一定对自己有成见，自己没犯什么错误，却招致他的一顿批评，一怒之下与上司争吵起来。另一位同事连忙过来，平复双方的争吵，并向上司问明了情况。原来由于上司与外商谈判进行得非常不顺利，本来谈妥的事情又中途变卦，所以心情特别不好。事后，上司给张磊道了歉，这让张磊感觉十分尴尬，连连怪自己不懂事理，不该当面顶撞上司。

由此可见，有时上司对下属的批评并不是没事找碴儿，而是因为他有很多烦心事。所以，作为下属要学会理解上司、关心上司，因为他每天要处理的事情要比你多得多，烦心的事也会很多。与上司相处要学会宽容，学会理解。如果能站在上司的位置为他着想，上司也会为你着想的。

面对即将与上司发生的冲撞，一定要克制住自己，最好能明白上司为何要这样，是不是问题出在自己身上，然后针对不同的情况灵活处理，避免发生冲撞。

六、不要急于推卸责任

戴尔·卡耐基通过多年的观察、研究发现任何教训、指责都会使人感到伤了自尊而处于自我防卫状态，并且往往会激起他极大的反感，促使他竭力为自己辩解。在受到批评时想要为自己辩解是人之常情，但一开始就急于为自己辩白、开脱，往往会适得其反，给人以避重就轻、逃避责任的印象。

赵斌是一家跨国公司深圳分公司的项目经理，同事都不喜欢和他打交道，因为大家觉得他不可靠。无论发生什么事情，他都努力把自己择清，从不愿意承担任何责任或过错。有一次，总经理让赵斌通知所有部门下班后必须留人，结果，业务部没有留人。总经理问赵斌为什么不通知业务部？赵斌辩解说："这不是我的责任，我已经下达通知了，但是当我通知时，没有人及时与业务部联系，所以没有通知到他们。"赵斌更喜欢绕圈子，解释说这个错误与他无关，他不需要承担责任。总经理很无奈，这么点小事就推卸责任，将来怎么能做大事呢？后来赵斌就被调离了工作岗位。遇到事情就推卸责任，这是领导者最不愿意看到的事情。一个不敢承担责任、急于推卸责任的员工，是不会获得上司信任的。

在日常管理工作中，不乏像赵斌这样的中层管理者，他们但凡受到领导的批评就怨气冲天，和所有的同事诉说自己的冤情。这样做的结果只能是使自己的形象在同事和上司心中大打折扣，对自己的发展极其不利。

其实，在职场中，谁能保证不会犯错误？但是面对错误时，我们既不应该急于否认，也不应该急于推卸责任。一个害怕犯错并经常推卸责任的人，最终会失去发展的机会。相反，敢于承担责任的人会在职场中获得更多的信任和尊重。

第六章　表扬下属的说话艺术

卡耐基说：“我们滋养我们的子女、朋友和员工的身体，却很少滋养他们的自尊心。我们供给他们牛肉和土豆，培养精力，但我们却忘了给他们可以在记忆中回想好多年像晨星之音的称赞。”

一、赞美是给下属最好的礼物

美国哈佛大学心理学专家们的一项实验研究结果表明，动物的大脑在受到鼓励的刺激后，大脑皮质的兴奋中心会调动子系统，从而影响行为的改变。同样的道理，人类作为万物的灵长，期望和享受欣赏是最基本的需求之一。

某校的一位学生在一次命题作文中抄袭了杂志上的一篇散文。极为巧合的是，语文老师恰恰手里有这一期杂志。多年的从教生涯使他深深懂得，保护学生的自尊比用挖苦和指责所收到的效果要好得多，需要给学生的是正面的引导和促进。所以，他没有批评这个学生，而是把他私下叫到房间里，称赞这篇散文写得很好，并帮助他分析了文章结构和起、承、转、合，嘱咐他向更高的写作目标奋斗。结果，这一次保护性的赞许行动在这位学生心中留下了极为深刻的印象。他真的爱上了写作，靠着自己的执着和勤奋，终于成为知名作家。

可见，赞美的力量是惊人的，一句赞美的话语甚至能改变一个人的一生。

大多数员工在职场兢兢业业工作时，他们都渴望得到领导的肯定，领导的赞美就是对下属最好的奖赏。因此作为中层领导的你要善于用夸奖来激活下属，激励他们更加努力地工作。

韩国某大型公司的一个清洁工，平时是一个最被人忽视、被人看不起的角色，但正是这样一个人，一天却在晚上公司保险箱被窃时，与小偷进行了殊死搏斗，保护了公司的财产。事后，有人为他请功并问他的动机时，答案却出人意料。他说当公司的总经理从他身旁经过时，总会真诚地赞美他"扫的地真干净"，就这么一句简单的真诚赞美，使得他对公司心存感激。

美国著名女企业家玛丽·凯丽说过："世界上有两件东西比金钱和性更为人们所需——认可与赞美。"能真诚赞美下属的领导，能使员工们的心灵需求得到满足，并能激发他们潜在的才能。打动人最好的方式就是真诚的欣赏和赞许。

善于赞赏别人常会使得领导者具有神奇的力量。如果你对下属说："大家知道你很能干，最近单位人力紧张，有件事我们希望得到你的帮助。"这样说，你的下属一定会为你分忧，即使一个人干了两个人的活儿也不会心生怨言。

总之，爱听表扬的话是人类的天性，人人都喜欢正性刺激，而不喜欢负性刺激。作为中层领导，如果你在管理的过程中善于夸奖下属的长处，那么，下属工作的激情一定会高涨。别忘记赞美你的下属，否则下属也将忘记你的存在！

二、当众表扬下属有讲究

生活中，我们不乏会遇到这样的情况：当某个成绩并不好的孩子，因为做了某件好事受到了老师的当众表扬，之后这个孩子就会找机会做更多的好事，甚至连一向不怎样的成绩也会得到提高。工作中，有的员工在某次会议上领导对他所做的工作给予肯定和鼓励之后，他变得更加努力工作。那么这到底是为什么呢？

其实，这就是心理学上的霍桑效应。它是指人们由于受到额外的关注而使绩效或努力上升的情况。霍桑效应告诉我们，如果我们想要改变人们的行为，使其感受到他是受关注的，那么就会对其产生一种强大的激励作用，从而在行动上表现得更加积极。

作为中层领导，你所带领的团队成员谁最敬业、谁最辛苦、谁取得了成绩，你是最清楚不过的了，那么及时地予以公开表扬和赞美不仅能鼓励受表扬者，同时也能激发团队其他员工的工作热情。

领导称赞下属，是方式而不是目的。当着大家的面称赞某下属，是为了树立榜样，鞭策其他人努力工作、做出成绩。当众称赞某位下属无疑是激励下属的有效方法。

在众人面前得到上司的肯定和赞美是一件美好的事情，对下属的工作将是一种无形的推动。人人都有自尊心、荣誉感，都希望所做的工作和自身价值得到他人的了解、承认和肯定。当众赞美，被赞美者渴求荣誉的心理就会得到满足，就能激发出更高的工作热情。因此，中层领导应该利用一切机会表扬你的下属。如在日常工作例会上，可以对一些随时发现的良好行为提出表扬；在总结工作的会议上，可以结合工作对一定时期内表现突出的好人好事和先进典型进行表扬；在一些专业工作会议上，可以对一些好的做法进行表扬。

但是，如果当众称赞某一位下属的成绩和优点不恰当，就可能引起其他人的不满或嫉妒，不仅对被称赞的下属造成负面影响，还会有损领导的威信和形象，激化部门内部矛盾。所以当众称赞下属必须慎重。

第一，当众奖励某下属时，必须首先考虑不能激起其他人的嫉妒心理。领导要能切实把握好听众的心理，把这种嫉妒和羡慕的心理朝着有利于工作和团队发展的方向引导。

第二，当众奖励下属要有理有据。要说服听众，使大家心服口服，就要求领导的话要有理有据，经得起推敲，谁也不能说出个“不”字来。

第三，要表现出领导的诚意。如果领导是想树立个人威信，以借表扬下属收买人心，实际上并没有表现出欣赏的诚意，那么无论是被表扬者还是其他人都不会买账。

第四，奖励要有标准。奖励是典型的“对事不对人”，谁符合奖励的标准都要当众奖励，而不能此一时彼一时，忽冷忽热，赞扬一个贬低其他。

三、巧用激将法

俗话说：“请将不如激将”。什么意思呢？是说刺激别人来做事要比正面请他来做事好。这种现象背后的心理机制是什么？其实，激将法主要的就是假意否定人的价值，人最害怕的就是自身价值被否定，一旦被否定了，他就想极力去证明。

“激将法”是富于戏剧性的谋略，常见于诸多典籍中。没有人轻易服输，英雄人物之所以能够做出惊天动地的事，往往就因为他们争强好胜。这一点，正是激将法奏效的心理基础。

三国时期的诸葛亮就十分善于运用激将法。在马超率兵来犯时，张飞请令出战，诸葛亮却故意说：“马超勇猛无比，在渭水把曹操杀得大败，看来只有调回关羽来才行。”这一下激恼了张飞，他立下军令状，力战马超，最终使马超投降。

那么，怎样把握激将法的语言技巧呢？不妨运用下面的方法。

1. 对待骄傲的员工

我们都知道心理学的“鲶鱼效应”，就是当鲶鱼在搅动小鱼生存环境的同时，也激活了小鱼的求生能力。所以鲶鱼效应是采取一种方法或措施，刺激员工活跃起来投入到工作中。作为中层领导，你平时与下属接触的机会非常多，其间你会发现有些业绩优秀的员工，有时有点飘飘然，表现出傲慢的情绪来，如果你任由他这样发展下去，就会对以后的工作不利。所以，你应该适当地“激”他一下，对他说：“我觉得小张挺出色的，你上次的业绩也有他的一份功劳吧。你可得加紧努力工作，小心他马上就赶上你了……”如此等等，他就会感觉来自身边的压力，会收敛自己的骄傲情绪，把精力都投入到工作中去。有时候，抓住下属的心理，适当泼一下冷水，打击一下他的骄傲情绪，这会让他迸发出更多的力量，触动其上进心，这其实也是一种激励。

2. 对待不思进取的员工

有些员工没有压力，很容易满足现状，不思进取，工作也没有什么可圈可点之处，对于这种人，你就应该经常激激他，并且把一些重要的工作交给他。这时你可以这样对他说：“小王，这项工作只能交给你了，我知道你平时工作不是很出色，但是没办法，公司现在实在没有人手，我希望你能尽心尽力地完成……”

听完这话后，小王肯定会不舒服，甚至会有不服气的感觉，心里会想：凭什么说我工作不出色呢？我要让你看看！这样，他会把心中的不平转化为力量，全心全意地去工作……这样，你就达到了让他在出色完成工作后获得成就感，从而更加努力地工作的目的。

3. 对待自卑的员工

有些员工虽然很有才华，但是有些自卑感，总怕自己干不好，这时你若狠狠打击他，会让他更加怀疑自己的能力，对待这种员工不要太鲁莽，要讲点方法。

对待这种员工，不妨采取“唱双簧”的方式，找个人配合，一个唱黑脸，一个唱白脸，一搭一唱，效果会很好。

打个比方，作为中层领导的你要斥责一名年轻的员工，你唱的是黑脸，你应该对员工强悍一点，严厉一些，然后由你的助理——“白脸”上场，也就是你训斥后让你的助理找他，扮演一个和善的角色，告诉他："其实领导是想用'激将法'激励你，说实在的，他挺欣赏你的，一直希望你……"

这样，他会感觉到你对他的期望，心里不免有点高兴，同时也领悟到你给他的压力，所以会很认真和自信地工作，那样，工作效果自然会好起来。

在这种场合应该是"白脸"唱主角，但千万要确保唱"白脸"的助理是可靠的，绝对不能让他夸大其词、信口开河，甚至在后面说你的坏话，否则后果是难以想象的。

适当地对你的下属使用"激将法"，你会发现他们的工作效果会更好。

四、善于发现下属的闪光点

常言道，"生活中的美好无处不在，每个人要有一双善于发现美的眼睛"。换一种角度，即每个人都有他的闪光点，我们要善于发现和欣赏。

每个人都有他的优点，有的人刻苦、坚持不懈；有的人记忆力超强；有的人擅长交际，处事灵活；有的人表达能力强；有的人组织能力强；有的人文字功底好、写作能力高；有的人有绘画天赋；有的人音乐素养高；有的人长得漂亮也很会打扮；有的人见识广，知识渊博；有的人……在我们的生活、工作当中，会不断地发现身边的人有着不同的闪光点。

然而，在日常管理过程中，很多中层领导看不到下属身上的优点，却紧盯着他们的不足之处，甚至将下属的缺点无限放大。因此，我们经常听到很多中层领导感叹：可用之人真是太少了！其实，任何人都有优点和缺点，如何看待一个人的优缺点，尽管有客观的评判标准，但与观察者看人的角度也有相当大的关系。如果用灰暗的心理看人，从人的短处着眼，那么看到的自然是缺点多于优点，短处多于长处；但如果换个角度，用积极的眼光看人，从人的长处着眼，那么看到的一定是优点多于缺点，长处多于短处。高明的领导者应该具有发现下属身上闪光点的慧眼，善于挖掘下属身上的闪光点，使他们的才智得以充分展示。

某企业的一个部门新调来一个名叫王寒的员工，他原来的同事对他的评价是“工作不努力，自我为中心，经常迟到、早退”。但这个部门的领导却对那些评价毫不在意，他希望以自己的角度去了解王寒。

正如别人所说，王寒第一天上班就迟到了10分钟，中午早5分钟离开单位去吃饭，下班铃响前的10分钟就离开了单位，以后也一直这样。领导观察了一段时间，发现王寒缺乏时间观念，对人态度冷漠，平时独自作业，极少与同事打交道。但同时，领导发现王寒的工作效率极高，超过一般人的标准。

领导对王寒的表现没有表示出任何不满，总是微笑着和王寒打招呼。领导这种不寻常的做法令王寒心里感觉很不安：要是其他领导早对他大发雷霆了，但现在的领导对自己却是这么友好，如果自己还是不遵守纪律，是不是显得不近人情了？

一天，王寒提前10分钟来到单位，站在门口的领导看到他，便和他打招呼说：“谢谢你今天准时上班，我一直期待这一天。这段日子以来你的业绩很好，真是一流的技术人才，工作效率很高，如果你继续努力，一定会被评为先进工作者的。我发现你才能出众，希望你继续发挥潜力，但为了你的前途我觉得你应遵守纪律。”在以后的日子里，王寒再也没有出现迟到、早退现象，而且工作绩效一直排在第一位。

通过这个故事我们可以看到，赞扬可以有效地激励下属。作为中层领导，千万不要吝啬你的赞美。如果你善于发现下属身上的闪光点并加以赞扬，就能有效地激励下属努力工作，你也会同时感受到生活的恩赐，下属的努力会让你收获成功的果实。赞扬是催人向上的最好动力，生活离不开赞扬。赞扬对于人类的灵魂而言就像阳光，没有它，人是无法“开花结果”的。

五、巧用“戴高帽子”的艺术

“戴高帽子”是一个俗语，源出唐代李延寿《北史·熊安生传》。北朝有个儒生叫宗道晖，这个人平时喜欢头戴一顶很高的帽子，脚上穿一双很大的木屐。每当有州将等级官员到来，他都要以这身打扮去谒见。见到官员时，又总是向上仰着头，举着双手，然后跪拜，一直把头叩到木屐上，极尽阿谀奉承之能事。拜时还自言自语地说：“学士可以比得上三公。”后人据《通俗篇·服饰》记载：“今谓虚自张大，冀人誉己者，曰好戴高帽子，盖因乎此。”即是说，自此以后，凡是受人恭维或恭维别人，都称之为“戴高帽子”。

“戴高帽子”好不好？不能一概而论，要作具体分析。日本有句格言：如果给猪戴高帽，猪也会爬树。这话听起来不雅，不过多少也能证明这样一个道理：当一个人的才能得到他人的赞扬、鼓励的时候，他就会产生一种发挥更大才能的欲望和力量。

作为中层领导，要善于给你的下属“戴高帽子”。一个称职的领导者可能看起来威严，但真正相处起来却会让人很舒服。他们不会向下属发出苛刻的命令，而是微笑着给下属“戴高帽子”，让下属对这项任务感到满意。如：“老赵，你是这个领域的专家。这个项目除了你之外，没有人可以挑起大梁，你就带着小李辛苦一趟吧。”然后转身对小李说：“小李，你的任务是司机和秘书，负责照顾老赵的生活。”领导是如此善解人意，老赵哪还有拒绝之理。

玛丽·凯所经营的美容化妆品公司在全世界享有盛誉。在玛丽·凯所提倡的以人为本的管理方式中，就提到了“戴高帽子”的艺术。有一次，一个新来的业务员在跑营销屡遭失败后，对自己几乎丧失了信心。玛丽·凯得知此事后，找到这位业务员并对他说：“听你前任老板提起你，说你是很有闯劲的小伙子，他认为把你放走是他公司的一个不小损失呢……”这一番话把小伙子心头那快要熄灭的希望之火又重新点燃了。果然，这位小伙子在冷静地对市场进行研究分析之后，调整了自己的营销策略，终于使自己的营销工作打开了一个缺口，获得了成功。

其实玛丽·凯根本就没有与他的前任老板谈过话，但这顶“高帽子”却神奇地让这位业务员找回了自尊与丢失的自信。为了捍卫荣誉与尊严，他重拾信心，最终以成功来回报了自己和玛丽·凯。

“戴高帽子”确实有神奇的功效，但戴的方式也有技巧，要讲究方法。“戴高帽子”要有一个度，不要夸大其词，过度的、不切实际的“高帽子”只会起到相反的作用。若是你的下属对IT业并不是特别了解，你却对他说：“听说你对我国的IT业很有研究，你能给我谈谈近期IT业的发展状况吗？”他心里一定会非常反感，认为你这是在故意刁难他。

“高帽子”也可用间接的方式给你的下属戴上。如果你是新走马上任的主管，对你的一位下属说：“我听某某说，你这个人人缘很好，爱交际，做事稳重，以后请多为部门出力。”听者心里一定觉得很舒服，即使他并不如你所说得那么好，他也一定会尽力朝着你所说的那个方向努力。

采取新颖的形式“戴高帽”。如果一个主管在不同场合一再提及一个下属，这对他是一种莫大的鼓励和恭维。经常提起下属以前讲过的事，也是对他的一种激励，因为这表示你认真听过他讲的话，并牢记在心。

总之，管理中的“戴高帽子”并不是那种不切实际的夸大、阿谀奉承，而是一种积极的肯定。在某种程度上，若是你能巧用“高帽子”，定能让你的员工重新审视自己，被激发出更多的工作热情。

第七章　批评下属的说话艺术

批评效果如何，在很大程度上不是取决于说些什么，而是取决于怎样说和在什么场合说。就像苏霍姆林斯基所说："语言——这是能触摸到人性最细微特点的最精致的道具。善于运用语言是一门伟大的艺术。语言可用来塑造心灵的美，也可以使心灵丑陋不堪。让我们掌握好这个道具吧，使从我们嘴中出来的只有美。"

一、批评下属要讲究原则

人非圣贤，孰能无过？在日常工作中，下属的工作常常会出现某些偏差和错误，下属自身往往难以觉察到这些错误，这时领导就必须及时提出批评，纠正偏差，保证工作目标的顺利实现。所以，领导适时恰当地批评下级不仅是必需的，而且也是很重要的。批评下属时，中层领导要注意遵循以下原则。

1. 批评要目的明确，对事不对人

很多中层领导在批评下属时，往往由于情绪过于激动而使彼此难堪，最终问题也没能得到解决。所以，关注事情本身，解决关键问题，这才是领导要做的。

日本著名管理学家大前研一曾说："能做到对事不对人，就不会在乎自己的立场。因为事实出现之后，你就会忠于事实，坦然接受这个事实。

不能忠于事实，不但无法洞悉问题的本质，也不可能走完找到正确解决方案的过程。”所以，领导批评下属时应尽量准确、具体，对方哪件事做错了，就批评哪件事，不能因为他某件事做错了，就论及这个人如何不好。比如用“从来”“总是”“根本”“不可救药”“我算看透你了”等言辞来否定人，都是不可取的。

所以，为了找出问题的真正解决方案，作为中层领导的你就必须站在没有偏见的立场上。对事不对人，强调的是一种公平原则，一种一视同仁的态度，从某种角度而言是对员工、对下属的尊重。而且对事不对人有利于形成一种公平的氛围，有利于部门理性、健康地成长。

2. 批评要尊重人格，说话不伤人

批评是做人的思想工作的一种方式，而人都是有自尊心的，如果领导者的批评含有贬低下属能力、人品的意味，就容易激怒下属。如果领导者在肯定下属能力、人品的前提下指出其某一个方面的具体错误，下属往往容易接受。领导者的批评只能针对下属当时的错误言行，而不能翻老账。如果领导者习惯于用“你怎么总是……”之类的话语批评下属，是不会取得好效果的。因为这样的话语暗示下属：你旧习难改。正确的做法是，领导者的批评应该能够让下属感到自己的错误很容易改掉，这样下属才会有信心去改正错误。

3. 批评要营造氛围，诚心帮助人

批评下属时从赞扬和真诚的感谢入手，常常可以营造良好的氛围。在这种良好的氛围中，如果领导者诚恳地提出批评，下属在感情上就会乐于接受，并在以后的工作中更加严格地要求自己。批评下属，要从下属的实际情况出发，权衡各种因素，做到恰如其分。同时，批评要把握一个基本的标准：大事讲原则，小事讲风格。原则性问题不能放过，但细枝末节的事情不必太较真。一般可以采取以下方法来解决：能通过个别谈话解决问题的，就不要进行公开批评；能通过自我批评方式达到教育目的的，就不要通过组织进行批评；能在小会上批评收到教育效果的，就不要拿到大会上去批评。

4. 批评要换位思考，因势利导

批评中的换位思考，就是批评者要学会将心比心。批评者如果能够与被批评者调换一下位置，站在对方的位置上看问题，设身处地地为对方着想，就会发现下属犯错误的原因，就可以有针对性地进行批评，从而有利于问题的解决。

真诚待人是人际关系和谐的基础，因势利导可以帮助下属重新树立起信心。下属工作的积极性，一方面来自完成的工作所具有的价值，另一方面来自其认为完成工作的可能性，批评下属并进行因势利导的目的，就是要调动下属工作的积极性和创造性，激励下属树立克服困难、纠正错误、做好工作。领导者只有将心比心，真诚地对待下属，才能促使下属自觉地进行自我反省，自觉地认识错误、改正错误，不断提高自己、发展自己。

二、把握批评的时机与场合

领导要做到有效地批评下属，就必须注意随着批评对象和场合的不同改变批评的方式和语言。

掌握批评技巧的领导者知道根据不同的场合调整批评的方式，而不注重批评方式、方法的领导者则往往不分场合，用简单、粗暴的语言批评下属，这样做只会适得其反。一般来说，聪明的领导不会在公开场合批评下属。在公开场合批评某一个下属的行为绝对不是高明之举，采用这种方式批评下属，会伤害下属的尊严，打击下属的积极性。

某工厂的经理在进行质量检查时，对车间主任大喊大叫道："你这个车间主任是干什么吃的？看看你让下属做了些什么？这种劣等产品怎么能出现在我们的流水线上？如果再这么干，你就别想再待下去了！"毫无疑问，经理的行为不仅引起车间主任的难堪和愤恨，同时也使在场的每一个员工都感到困惑和不安，他们也许会想，下一个挨骂的人会不会是自己呀！

这位经理在众多工人面前斥责车间主任，丝毫不给面子，车间主任必然对其产生抵触情绪，这样一来工作怎么能做好呢？尽管产品的质量不佳是一个非常重要的问题，但是经理用这种笨拙的方式处理问题，只会使事态更加严重。当着车间工人的面责骂车间主任，会影响车间主任在工人心中的威信，从而直接损害车间主任作为一名管理者的效能。更为严重的是，车间主任的自尊心受到了伤害，工作积极性受到了打击。

如果经理换一种表达方式，批评的效果就会截然不同。比如，经理控制自己的情绪，冷静思考，然后私下和车间主任共同讨论问题的解决方法，那样不但可以更好地解决问题，让车间主任感受到经理的宽容、大度，同时也能够维持车间主任和工人们的士气，使大家能够继续努力工作。

古代有一位受人敬仰的学者，朋友问他："有那么多弟子仰慕你、跟随你，你是否有什么秘诀呢？"他回答说："我的秘诀是，当我要责备某一位犯错误的弟子时，一定把他叫到我的房间里，在没有旁人的场合提醒他，就是如此。"

作为一名中层领导，切不可在公开场合批评下属，更不能当着你的上司的面批评下属。作为中层领导，你应该明白，你对团队的人和事负有责任，这是推诿不掉的。喜欢将"家丑外扬"，反而暴露出你的管理不力，或是你制定的管理制度有缺点、不健全。更严重的是，这会给你的下属留下自私、狭隘、没有亲和力的坏印象。要想使你的批评达到最佳效果，同时给下属留下一个领导能力强的好印象，就不要在大庭广众之下批评你的下属，因为给下属留面子就是给自己留退路。

三、用激励代替批评

不妨尝试一下用激励代替批评的效果，学会换位思考。人是喜欢被赞扬的动物，从幼儿园到大学，通常被赞扬的人会成长得比较好，成为对社会有用的人才。人参加工作后，依然渴望被肯定、被鼓励，即使是领导，也希望得到更上一级领导的赞扬。所以，领导批评员工时，要有换位思考的意识，不但要把握好批评的尺度，更要尽可能以激励代替批评，以达到最佳的管理效果。

其实，用激励代替批评早已有之，它是美国心理学家史金纳教学的基本观点。这位伟大的心理学家以动物和人的实验来证明：当减少批评、多多激励对方时，人所做的好事会增加，而比较不好的事会因受忽视而逐渐萎缩。

许多年以前，一个10岁的小男孩在学校上学。他一直喜欢唱歌，梦想当一名歌星，但他的第一位老师不但没给他鼓励，反而使他泄气，这位老师说："你不适宜唱歌，你五音不全，简直就像风在吹百叶窗一样。"

但他的母亲——一位穷苦的农妇却不以为然，她搂着自己的孩子，激励他说："孩子，你能唱歌，你一定能把歌唱好。瞧，你现在已经有了很大的进步。"她节省下每一分钱，让她的儿子去上音乐课。这位母亲的嘉许给了孩子无穷的力量，也从此改变了他的一生。这个小男孩的名字叫恩瑞哥·卡罗素，后来他成为了那个时代最伟大、最知名的歌剧演唱家。

在这个小男孩的童年，假若没有母亲的激励与赞许，只有那位老师的无情打击，这个世界上也许就失去了一位著名的歌剧演唱家。

管理中，少一分指责，多一些嘉许，不仅令事情做起来得心应手，也给予下属愉悦的心情，何乐而不为呢？

美国前总统柯立芝就是一位善于运用激励方法来调动下属积极性的人。他在与人交谈时，会给对方以足够的勇气和信心，使人充满自信。一次，他邀请汤姆金斯夫妇参加他们的桥牌友谊赛。然而，桥牌对于汤姆金斯来说是一个完全陌生的游戏。但是，柯立芝对他说："汤姆，为什么你不来试试呢？其实游戏中除了需要一些记忆与判断能力外，没有其他什么技巧可言。你曾经对人类记忆的组织有过深入的研究，所以我认为打桥牌对你来说没有一点难度。"汤姆金斯就这样被柯立芝拉到了桥牌桌前。后来，汤姆金斯回忆说，他有生以来第一次参加桥牌比赛，完全是因为柯立芝总统的一番话给了自己信心，使他觉得打桥牌不是一件难事。同时，通过这第一次尝试，使他认识到一个足以改变人生的哲理，即如果能够恰当地使用鼓励，就能在对方接受的前提下指出其不足，并能令其有信心去面对错误与不足，然后改变它。

的确，激励的作用远远比批评要大得多。19世纪初期，伦敦有一位小伙子的家庭十分贫困，父亲在坐牢，他和家人经常受饥饿之苦。后来，他终于找了一份工作，在一个又脏又乱的货仓里贴鞋油的标签。他对自己的工作没有丝毫兴趣，对自己的能力也毫无信心，但是为了填饱肚子又不得不做这份工作。虽然处境恶劣，但是小伙子对写作的爱好从没有放弃，他总是在深夜溜出去寄稿子，因为他害怕被别人看见了会笑话自己。虽然一篇又一篇文章都被退了回来，但他没有放弃，一直坚持写下去。终于有一天，编辑夸奖了他，认为他很有写作的天赋，承认了他的价值，这使他受到了极大的鼓舞，对自己充满了信心。编辑无意中激励的言语，改变了小伙子一生的命运。这个小伙子就是大名鼎鼎的作家查尔斯·狄更斯。

上面两个故事给我们的启示是：任何一个人的能力都会在批评下萎缩，却能在鼓励下绽放。因此，作为中层领导，如果你希望下属把某件事做好，那么，即使下属仅仅获得了细小的进步，也不要吝啬你的鼓励。因为，每个人都需要他人诚恳的认同和慷慨的赞美。如果能获得领导的鼓励，相信下属的内心一定会充满力量。

四、批评下属要留有余地

了解国画的人都会注意到，那些画家在画花时常常就画一枝，而不是很多，有时候他们还会在花枝添上一只小鸟，让人品味其中意境，诗人写诗同样如此，寥寥数字就能将一幅画面展现在我们眼前，言有尽而意无穷。作为中层领导的你能领会个中的含义吗？当员工犯错了，不是破口大骂，而是点到为止，给员工留有余地，让其去思考、想象和反省。

乔治·本是一家广告策划公司的主管。他的下属中有位年轻人经常上班迟到，有时甚至迟到达半个小时之久。

乔治·本为此很恼火，想狠狠地教训他一顿，但又一想这个年轻人的工作能力还是不错的，于是他想还是提醒一下更好，给他留有余地。

他让人把年轻人叫到了自己的办公室，当年轻人刚踏进他的办公室大门的时候，乔治·本就很有礼貌地站了起来，欣喜地告诉他："你这几天的工作成绩很不错，有几项广告创意被大客户重金买断，的确是很不错，你真是公司不可多得的人才。"

接下来就进入正题了："这几天有一家公司听说你的策划很具特色，多次找我交涉，想和你单独见面谈谈。昨天那个公司的一位公关人员早上一上班就打来了电话，我回绝了，因为那时你还没到公司来。今天早上，那人又亲自来了一趟，可是等到 8 点 20 你仍没来上班，他有事又走了。"接着乔治·本又不失时机地说："你看你总是上班迟到，有时客户来了以后你不在，我也不知如何是好。这对你自己的工作是一种损失，对公司的利益也是一大损失，因此，我希望你能按时上班。"

接下来乔治·本又强调："你作为公司的骨干力量，的确为大家带来了不少的利益，公司不能没有你，我希望你能清楚自己的位置，我们大家对于你的工作寄予厚望！”

乔治·本首先表扬了下属，接着严肃地指出了下属的错误，话说得虽然并不严厉，但却十分明确地指出下属的处境。紧接着，他又指出一条明路：遵守公司制度，努力工作，珍惜自己目前的位置。果然，这个年轻人再没有迟到过，业绩也蒸蒸日上。

给下属留有余地，实际上就是先指出问题的严重性，然后再在看似没有办法的时候松口，提出一个切实可行的方案。鲁迅先生打过这样一个比喻：一间四壁都封得严严实实的黑屋子，你想要打开一扇窗，不妨先说要打开一扇门。屋子里的人不同意的话，这时你再说开窗就顺理成章了。

五、批评要做到实事求是

“闻过则喜”是中国的一则古训，但并不是每个人都能愉快地接受别人的批评。上级批评下级，要做到使下级心悦诚服，没有给人以权压人、以势压人之感，很重要的一条就是要做到实事求是。

批评的目的是使人改正错误，因此它的前提必须是下属确实有错误存在，没有错误而去批评下属，便会给人留下“蓄意整人”的印象。

弄清事实是正确批评的基础。有些中层领导一时生气就不分青红皂白地批评下属，而忽略了对事件客观进行全方位的调查。虽然领导者可能自认为已经清楚地了解了事件的真相，但在批评时还是要认真倾听下属的解释，这样做有助于领导者了解下属是否已经清楚了解自己的错误。很多时候，下属往往会告诉领导者一些他可能并不清楚的真相。如果领导者没有办法证实这些问题，则应立即做进一步的调查了解。

所以，领导者在批评之前应先考虑一下有几分事实根据，如果事先调查不够，事实真相与自己所知道的情况有差异，被批评者就难以接受；如果有人提供了假情况，打“小报告”，领导者以此为据，大加批评，那就更难以服人了。所以，上司批评下属，责任要分清，事实要准确，原因要查明。从实际出发，弄清事情的本来面目，找出问题的原因，恰当地分清责任，这样的批评有理有据，既不夸大，又不失察，下属当然口服心服了。所以，上司批评下属，必须以事实为依据，不能随心所欲，更不能以感情代替原则。

做到实事求是，还必须要克服主观行事的倾向。对于任何事物人们都有自己的主观印象，但是作为领导，却不可主观武断。例如，领导在主观上不喜欢一些员工，这种情况的原因是多方面的，像脾性不合、在一些小问题上有摩擦等原因，一旦这些员工工作出现了偏差，便倾向重责他们，从而造成了恶性循环，领导越来越挑剔下属，而下属的表现也越来越差。避免自己的主观武断，必须从心理上消除障碍，你要认识到，你可能会很敏感，或者看问题有时片面等，多找自己心中的“死结”，便会在对人和事的评价上多一分公正。

总之，批评要从实际出发，既不能夸大事实，也不能歪曲事实；既不能捕风捉影，也不能道听途说。要针对事情的本来面目，分析其中的原委，然后有针对性地提出批评，力求做到有的放矢。

六、批评后要及时安抚

三洋机电公司前副董事长后藤清一先生年轻的时候曾在松下公司任职。有一次，因为一个小的错误，他惹恼了松下，遭到松下先生痛骂。松下一边骂，还一边拿着火钳猛敲取暖用的火炉，由于用力太猛，以致把火钳都敲弯了。

因为骂得太厉害，当时在场的松下的亲戚都看不过去，挺身为后藤讲情，竟在松下的一声“闭嘴”之后也一块儿被骂了。

之后，松下把弯曲的火钳递给后藤，苦笑着说：“你可以回去了，不过，这根火钳是因为你敲弯的，所以在你回去之前要把它弄直。”

后藤无奈，只好拿起火钳拼命敲打，而他的心情也随着一声一声的敲打声逐渐归于平静。当他把敲直的火钳交给松下时，松下看了看说道：“嗯，比原来的还好，你真不错！”然后高兴地笑了。事后，后藤回忆说：“听到老板说了这句话，那颗受伤的心立刻好了一半。”

后藤走后，松下悄悄地给后藤的妻子拨通了电话，对她说：“今天你先生回家，脸色一定很难看，请你好好地照顾他！”

第二天一大早，松下就打电话给后藤说：“我没有特别的事，只想问你是否还在意昨晚的事。没有吗？那太好了！”据后藤回忆：“听完老板打来的电话，昨晚被痛骂的懊恼霎时烟消云散，我紧紧握着电话筒，内心对老板佩服到了极点。”

对于一个领导来说，松下的做法很值得效仿。批评性的谈话，要尽量在友好的气氛中结束，可以对对方表示鼓励，提出充满感情的希望等，把话往回拉一拉，鼓励一番，放松一下，这是必要的。这种具有感情色彩的客观评价，往往能温暖被批评者的心，使他们真心实意地吸取教训。

因为，下属在遭受上司的批评之后，必然会垂头丧气、心灰意冷，心中不由得会想：这下我完了，领导看我不顺眼，今后永无出头之日了。如果下属真的抱着这种想法，结局只有两种，要么破罐破摔，自暴自弃；要么与你对抗到底。那样的话，你今后的工作就难免要碰上尴尬的局面。

所以，身为中层领导必须记得批评下属后，要适时利用一两句温馨的话语来鼓励下属。或者在批评之后，私下里告诉他：我是看你有前途，所以才批评你。

第八章 与下属相处的说话艺术

作为中层领导，你既要管理好下属，鼓舞他们跟你一起完成团队任务；又不能太娇纵他们，以免影响团队的执行力和战斗力。在与下属相处的过程中，要达到你想要的这种目的，那么如何与下属说话就显得尤为重要了。一个成功的中层领导者在与下属的沟通过程中，大多懂得春风化雨，用温暖得体的语言去感召自己的下属，在"润物细无声"中达到管理的目的。这种境界会进一步融洽中层领导者与下属之间的人际关系，为彼此共同的生活、工作创造出良好的人际氛围，进而促成工作的良性运转。

一、命令下属的语言要讲究

作为中层领导，经常要给下属分派工作。如果你对下属说："喂，你要听我做经理的命令。"这显然是上司的态度。所谓"经理的命令"就意味着你把这个员工当成比你低一等的人看待。这种"任务语言"很容易招致员工的强烈反感。久而久之，你的"命令"就难以顺利执行了。

但是，如果你能改变这种任务式语言，也许你与下属的人际关系会变得非常融洽。你在分配任务时，可以特意走到下属的桌子前，对他说："有件事拜托你办一下。"原来可以命令下属的上司却对下属"拜托"，这种倒转的字眼会使下属充满干劲，而且会使工作进行得更顺利。

从心理学角度来看，任何人都喜欢被他人看成重要的人物。作为中层领导的你，如果用“请求”的语气给下属分派工作，会无形中抬高了对方的地位；反之，用命令的语气说话，等于把对方的身份贬低甚至是践踏了他的尊严。“只有先把自己放在别人脚下的人，别人才会把你捧在头上”，睿智的人懂得这个道理，说话时会先替对方着想；愚昧的人为了炫耀自己比对方了不起，才会在言语上以贬损他人。

当你所处的地位比对方高时，要格外留意说话的口气。成熟的人，越是处在高位越懂得“谦恭下士”的道理。韩明是酒店的大堂经理，他对服务生的态度很客气。“辛苦你了”“谢谢你”“麻烦帮我换一下床单”，措辞客气、有礼，服务生们觉得大堂经理这样的领导都这样尊重他们，工作起来热情很高。对中层领导而言，一句客气话不需要费吹灰之力，却能达到有百利而无一害的结果，何乐而不为呢？

同样是来自领导的命令，以请求的字眼来使身份整个反转过来，就会消除下属的反抗心理，不觉得你是在命令他，下属会感到你是站在他的立场着想，而心甘情愿地服从。用强硬的命令不如用上面这些话语更能让下属努力工作。

其实，命令或报告的要素有“5W+H+L”，这是每一位中层领导都应当知晓的。“5W+H+L”是指 why、who、when、where、what，how，love。

why——目的、意图、理由、背景等。如“为了进一步开展业务”。

who——主体及客体、人物。如“全体员工要遵守 A 经理的指示”。

when——日期、时刻、状况。如“从 11 月 1 日上午 10 点到 12 点”。

where——场所。如“在总公司一楼会议室”。

what——对象、内容、事项。如“改正有关文书处理规定的内容”。

how——方法、手段。如“使用幻灯片或实物的图片，加以讨论”。

love——感情。如“请……”

具备以上七条就是一份完整的命令或报告。

遇到能干的员工，上司的命令只要两个“W”即可顺利完成，如果再详细的话，就会损害下属的自主性。但若是下属向领导提出报告时，则需要具备上述完整的七个要素。

通常中层领导在下达命令时，不太关注这七要素，如果重视这点的话，命令产生的效果可就大不相同了。

一家精密仪器工业公司的副总经理向一位科长发出了一项命令："我想把这项任务交给你做，可能有点难度，但还是要特别拜托你尽可能做好，至于其他一切反应或后果，都由我来负责。"听完这些话，这位科长觉得非常安心，他已经体会到了这位副总经理的心情，于是不辞劳苦，全力以赴执行任务。

由于这位副总经理命令得体，使得那位科长千方百计地努力工作，此项经营计划很快就顺利地完成了。两年后，那位科长被提升为部门经理，这时，这位副总经理又命令他说："又要辛苦你了，下个月初你到德国分公司出趟差，时间为两星期，要做的就是……这些而已。"接着他又说："你不必报告什么，按你的方式去执行好了。"这位部门经理不出意料又很漂亮地完成了任务。

像这样的领导，因为他懂得如何使用七要素，所以必定会是一个成功的管理者。

二、掌握与下属谈心的原则

与下属谈心是最直接、最有效的一种沟通方式。通过谈心，可以洞察下属的情绪波动，防患于未然。

谈心的形式是多样的。比如，微软公司给每个员工提供了一个免费网址，用于和公司内任何人（包括最高层人物）进行沟通；美国英格拉姆公司的董事长专设了一部直拨电话，供公司一万多名员工直接同他联络、交流；美国联信公司的董事长除了每月给员工写一封两页纸的信外，还要同员工举行好几次早餐会，目的也是谈谈心，拉近彼此的距离。

谈心是管理者与员工之间相互交流思想、沟通认识、加深感情的一种活动，然而要使谈心收到实实在在的成效，中层领导还必须掌握谈心的艺术。

谈心艺术是种看不见、摸不着但又颇具感染力的工作方法。作为中层领导，要掌握谈心艺术，必须遵循与下属谈心的一些原则。

1. 诚心诚意地与下属谈心

作为中层领导，若要与下属谈心，就必须具有帮助下属的诚意和关怀下属的感情。有了这种诚意和感情，与下属谈话时才能推心置腹，说出的话才能够使人如沐春风，才能够打动下属，感化下属。诚心要求管理者一定不能摆出领导架子，不可厚此薄彼，而要一视同仁。要多与下属进行换位思考，设身处地为下属着想。这样，管理者往往会发现，站的角度不同，了解的情况不同，认识问题的方法和出发点不同，得出的结论也截然不同。因此，只有诚心诚意地与下属谈心，同下属交心结友，才能真正了解其内心世界，从而有效地教育和引导下属。

2. 选择一个私人的时空谈心

人往往都愿意和朋友谈心，但与上司谈心大多会感觉不自在。因此，作为领导的你应尽量将非公务的谈心选择在较私人的时间，如下班后或午休的时间等，地点则应该尽量避开办公室，哪怕是在写字楼外的草坪或小公园都行。这样不会让人有谈工作的感觉，而纯粹是上司对下属个人的关爱。当人们置身于自然环境或轻松的环境中时，自然更容易交流。

在距公司不远的咖啡厅，王总正在与下属小赵谈心。王总注意到，平日热情开朗的小赵，近来却显得萎靡不振，心不在焉，工作上也出了些小错。此时，黄昏的余晖照射在咖啡厅的落地窗前，典雅的乐曲随着袅袅的咖啡香阵阵飘来，小赵的心灵之门不禁被轻轻叩开了。

3. 耐心倾听，弄清情况

当你和下属谈心时你要多倾听下属的心声，而非一味地表达和灌输你的思想。在倾听中你甚至会有意想不到的收获，你会了解到下属心中的感受，以便在日后更好地处理和他的关系。有时下属甚至会在谈心中，不经意地说出一些工作上的看法和建议，这对你的日常管理会有所帮助。

4. 以积极的方式结束谈心

谈心结束时，领导者应起身，或紧握下属的手，或拍拍对方的肩，语气亲切而诚恳地说“所有的问题都能解决，真令人高兴”“辛苦了，好好干吧”之类的话，这样可使谈心的效果更好。

三、委婉指出下属的错误

人非圣贤，孰能无过？圣人都有犯错误的时候，更何况你的下属呢！作为中层领导，当你的下属犯错误的时候，你该如何去批评他们呢？其实，那些真正想通过批评解决问题、更好地改进工作的领导都很清楚，批评下属绝不是一件轻松、容易的事。有效的办法是委婉地指出下属的过失，让对方在自责中加以改正。

某公司的总经理在经过一个车间时，突然看到他的几个员工正在抽烟，而他们的头顶上却挂着“禁止吸烟”的警告牌。该总经理看到这个情况，心里十分气愤，他完全可以愤怒地走过去，指着牌子对他们大声说：“你们难道没有看到牌子上写的禁止吸烟？难道你们都不认识字吗？”可是，他并没有这样做，他走到这些员工的面前，伸手递给他们每人一根烟，然后温和地说：“我希望你们到许可抽烟的地方去抽，那样我会很感激你们的。”作为员工，肯定知道自己犯了错误，破坏了公司的规章，可听总经理这样客气地同他们说，还分给每人一根香烟，心里就更感到羞愧了，他们在保证以后不在这里吸烟的同时，肯定还会在心里敬佩领导。

某公司副总第一次去香港出差，回来后满腔热情，在开会的时候脱离议题，而大谈香港的风土人情。与会者听得不耐烦，又不好打断他，只好都把希望寄托在总经理身上。总经理果断地打断了副总的话，说："李秘书，会后你安排两个小时的时间，我们专门请副总来说说他到香港的事情，现在我们抓紧时间解决问题。李总，我给你安排两个小时，做一个专题演讲，好不好？"这样，既给副总留了面子，又限制了他说题外话。如果当领导的总是用一副盛气凌人的语气训斥下属，就会失去下属的爱戴。所以，批评下属要用委婉的语言，要讲究艺术。

下属偶尔冒犯上司或者犯错误，往往事出无心，并非故意，如果上司"尊颜大怒"，不仅让当事人下不了台，自己也会给人留下没有涵养的印象；而大度地宽恕下属或者委婉地指出下属的错误，则既可消除当事人的尴尬，也会增加下属对你的敬佩之情，使你们之间的关系更融洽。

四、用巧妙的话消除员工心中的怨气

作为中层领导的你，相信一定遇到过下属发牢骚、抱怨的情况。面对这样的局面，你要分析情况，如果下属的牢骚话有一定道理，就应引起重视；如果下属的牢骚话纯属争一己私利，发泄个人怨气，你也应做好疏导、说服工作，不可听之任之。

那么当下属发牢骚时，中层领导该怎么说话才更恰当呢？

1. 冷处理——用缓兵之计查实情

下属有怨气、发牢骚，往往情绪冲动，理智常常为感情所占有，此时较好的说服方法是采用冷处理的策略，这是一种缓兵之计，可以缓冲矛盾，赢得时间去了解真实情况，寻求解决问题的方法。

例如，某局老职工张某在年终评优后找到杨局长发牢骚，他情绪激动地说："我们这些人只会老老实实凭良心干工作，不会表功。可是局里评先进也不能总是评那几个能说会道的‘荣誉专业户’，我们的工作业绩难道没人看到吗？”杨局长给老张倒了一杯茶，说：“老张，您的心情我完全理解。等我了解一下情况，一定给您一个满意的答复。”老张见杨局长这样说话，气消了一些，心平气和地谈了他的看法，同时汇报了他一年来的工作情况。后来，杨局长通过调查了解到老张干的工作有一些确实是局领导不知道的。专门提交局领导会议研究，决定追加其为先进工作者。

2. 两分法——辩证剖析明是非

爱发牢骚的下属看问题的立足点往往缺乏全局观念，言辞比较片面、偏激。对他们进行说服，应该运用两分法剖析事物，全面地看问题，明辨是非，帮助他们正确认识自己，正确对待别人，从而打开他们的心结。

例如，某校实验室一位管理员刘某在专业技术人员年度考评中没有被评为“优秀”，心里不服气，找孙校长发牢骚说：“我一年来按时上班，风雨无阻，为教师准备实验从未出过差错。我管理的实验室一尘不染，实验用品陈列整齐，为什么我就不能被评为‘优秀’？”对此诘问，孙校长耐心地解释道：“不错，您确实是一个尽职尽责的好同志，出勤好、履行实验员的岗位职责也到位。按学校的规定，您可以得到满勤奖金和实验员的岗位津贴。但是，专业技术人员评优，还要看是否有建树，评上‘优秀’的几位同志在这方面都做得好。如果来年您在这方面再努一把力，我认为您还是很有希望的。”孙校长的一番话，说得老刘心服口服，原因就在于孙校长说话时很好地运用了两分法。

3. 巧激将——反弹琵琶促奋进

请将不如激将。有时对发牢骚的下属，不妨运用激将法，有目的地用反话刺激对方，使对方从自我压抑中解脱出来，代之以上进心、荣誉感、奋发精神，从而达到新的心理平衡。

被称为苹果教父的乔布斯，就是擅长使用激将法的高手。当年，苹果公司推出的个人电脑被 IBM 超越。为了赢得这一局，乔布斯决定另辟蹊径，广纳贤才，他首先想到的是邀请百事可乐的总裁约翰·斯卡利出任苹果 CEO，可约翰·斯卡利却不为所动，最后，乔布斯抛出了一句被业界认为是经典名言的激将话："如果你留在百事可乐，五年后你只不过多卖了一些糖水给小孩，但到苹果，你可以改变整个世界。"

凡是有梦想的人都需要别人的激励，人在被"激"的时候往往有揭竿而起的冲动和魅力。在多次邀请未果的情况下，乔布斯巧妙地以"只不过多卖一些糖水给小孩"这样富有刺激性的语言，一下子激起了约翰·斯卡利"干大事，创大业，改变整个世界"的精神。正是这一句激将的话，深深打动了约翰·斯卡利，很快，他就接受了邀请，加盟苹果公司，出任CEO。

4. 亮底牌——以公为重抑私欲

某些下属私欲极强，偶不如愿便满腹牢骚，领导多次说服也难以奏效。对这种人，可以让他当众说出他到底对什么不满。这种"亮底牌"的办法，可以克制某些人的私欲。

例如，某市建委助理小周总感到自己工作干得不少，可钱却没多拿，吃了亏，并且有职无权，说话不算数，因而常常发牢骚。有一次，他又当众发牢骚说："我人微言轻，只有虚名而无实质内容，名义上是个干部，实际上什么事也管不了。"正好程主任路过听到了，他反驳道："小周，你说你'只有虚名而无实质内容'是什么意思？你说你只是'名义上的干部，实际上什么事也管不了'，请你说说，你指的是什么样的实际呢？"小周自知理亏，无言以对，只好默默接受批评。在这里，程主任就用了逼对方"亮底牌"的办法，制止了小周不负责任乱发牢骚的错误行为。

五、辞退下属的语言艺术

如今，不少企业陷入了永无止境的招人、入职、裁员这个泥淖之中。招人是为了企业发展，裁员也是为了企业发展。用人部门一句话，就把最难的工作交给人力资源部门，招人难，辞退员工更难。作为中层管理者，面临的一项重要工作就是劝退下属。

没有劝退过员工的领导，是体会不到个中滋味的，这是相当考验一些领导者的情商和专业能力的。处理得不好，会给公司带来麻烦。所以，在辞退面谈前，应该做足准备，尽量与员工和和气气沟通，最后完美地“分手”。面谈时要注意以下几个问题：

1. 无须争辩，只需陈述立场

你做的事情不是和他讨价还价，你现在做的是在执行上级的决定。此时不是与他争辩谁对谁错、谁有能力谁无能的时候，你只需告诉他：你被裁员了。如果他问及为什么自己被裁，你可以和他说是因为机构调整、企业的业绩滑坡等。

2. 重复他的感受与现实

要保持冷静地倾听下属的感受，并在接纳对方感受的同时表现出你也很难过。我们这里说的倾听不是你高高在上，而让下属像个学生一样在你面前哭诉。你应该和他坐到同样的位置上，看着他的眼睛说话，并且你要去重复他的感受与现实：“你工作这么多年，现在让你离开确实很令人难受，但这是事实，我也很为你难过……”

3. 不要说刺激的话

无论下属是什么情绪，一定要注意一个原则：千万不要激惹他，任何刺激都不要有。如果你表现出“这件事你就没有意识到吗？让你走你还赖在这儿，又有什么意思……”那结果可想而知。也不要试图讲道理或辩论，因为这是无用的。你只需告诉当事人：“这是公司的决定，我也很遗憾。”千万不要和他谈过多的细节，比如“王经理希望你留下，只是赵经理非让你走不可……”别以为这能表现你的同情心，这会让当事人把一腔怒火转到赵经理那里，甚至可能实施报复。

4. 始终不要妥协

在下属抱怨的同时，你可以告诉他：“公司知道你委屈，所以会给你一些补偿。”随即你可以说出补偿的办法，甚至是数字。

无论当事人如何感到不公平，如何吵闹，你都不要和他正面冲突，而且绝对不能有一点妥协的意思。千万不可以表露出“那我再和领导谈谈”这种有回旋余地的态度，即使你心里这么想也不要说出来，以免没有实现目的使他更失望。

5. 抚慰他的心灵

一定要给予当事人一定的时间处理情绪。必要时，以纸巾、温水和香烟来帮助他释放情绪，这些方式会很有效。同时，用充满同情与理解的话语为他平复心灵的伤痕。千万不要生硬地否认对方的心理感受，不要说“有什么可哭的”之类伤人的话。

6. 不要“过度”沟通

这也是为了使管理者更具有主动权。中国有句老话叫作“言多必失”，尤其是在被裁人员心理极度脆弱和敏感的时候，更不要“过度”沟通，避免因言语不慎而带来更大的麻烦。

相信利用这些技巧，可以尽可能少地伤害被裁下属。虽然从心理学角度来说它并不能消除痛苦，但却可以使痛苦减少到最小。

第九章　同级领导之间的说话艺术

“逢人只说三分话”之中的这“三分话”，还不在重要的话之内，重要的话是一句都不能说的。同级领导之间的谈话更应该如此。你所说的“三分话”，应该是天上地下，应该是稗官野史，应该是风花雪月，应该是柴米油盐……虽然说得头头是道，皆大欢喜，其实是言之无物——都是无关紧要的内容。

一、与同级领导说话要把握好分寸

作为中层管理者，在平常的生活和工作中，免不了要和同级的人打交道。要知道，同级领导之间既是合作伙伴又是最大的竞争对手，如果把握得不好，有可能就会和同事关系变僵了，不利于工作的开展。

那么如何才能把握好这个分寸呢?

1. 公私分明

不管你与同级领导的私人关系如何，但如果涉及公事，你千万不可把你们的私交和公事混为一谈，否则你会把自己置于一种十分尴尬的境地。

李霞是某公司的一位部门经理，她与公司的另一位部门主管陈华十分要好。有一天，陈华突然过来找李霞说：“李霞，我们部门现在有个计划，希望与某公司合作。但我在这公司没有熟人，所以想请你帮忙啊！”李霞一愣，陈华继续说："我知道，你和某公司的公关经理很熟，你就做个中间人吧，事成之后，我不会亏待你的。"李霞一听，感到很为难，想直接回绝，又怕陈华不高兴。答应吧，她又不想把公事和私事混在一起。于是对陈华说："这件事倒不难。不过我多少听说了你们的计划，是很着急的。我是认识该公司的公关经理，不过，她这段时间在休假，我怕等她回来，你们的计划就给耽误了。"陈华一听就明白了。李霞又补了一句，"我听说某公司的老板不错，你不妨直接去找他。"

其实，李霞的朋友并没有去休假，只是不想把自己搅进去，插手其他部门的事是职场中的一大忌。再说，如果办不成的话，反倒影响了自己和陈华的友谊。

2. 得饶人处且饶人

同级领导间难免有摩擦，但不管别人怎样冒犯你，或者你们之间产生什么矛盾，总之，"得饶人处且饶人"。俗话说："忍一时风平浪静，让一步海阔天空。"多一句不如少一句，凡事能够忍让一点，日后你有什么差错，别人也不会做得太过分。你忍让他，并不代表你怕他，而是表现你的豁达大度。

同级领导者之间由于工作和生活上的往来密切，语言上交往的频率也相应地比较高，难免会出现话语不周、言语失察的现象。这就要求彼此间宽容大度，互谅互让，分寸适当，不过分计较和追究非原则性琐事。如果发生语言摩擦，应以事业为重，不要激化矛盾，即使有理也不妨让三分。

3. 无论什么情况下都不要闹翻

同级之间在一起工作，难免磕磕碰碰，闹矛盾在所难免，起冲突也不足为奇，但有一点要记住，那就是不论你们矛盾有多大，也不要闹翻，矛盾化解后双方还可以言归于好。如果闹翻了，即便以后矛盾解决了，表面上和解了，但是相互之间曾经的裂痕却难以完全弥合，俗话说的"破镜难圆"就是这个道理。

所以，当你和同级之间出现了不快，你务必要冷静面对，千万别说过火的话。如果对方实在是个难以容忍之人，你只要暗中将自己与他的距离拉开就行了。路遥知马力，日久见人心。时间长了，谁是什么样的人，大家自然会清楚，他造的谣自然也就不攻自破了。

二、同级领导之间讲话要谦虚

如果你能力很强，你被别人妒忌的概率就较大，那么不妨在同级领导面前讲话谦虚一点。顾及他人的自尊，可以减少他人对你的敌意。如果你能拿自己的缺点开个玩笑或者出现个小失误，会使你更受欢迎。

老子曾说："良贾深藏若虚，君子盛德貌若愚。"是说商人总是隐藏其宝物，就像没有一样；君子品德高尚，而外貌却显得愚笨。这句话告诉我们，为人要谦逊，要敛其锋芒，收其锐气。

同级领导间往往存在着竞争，要想在职场中立足，最好是多做事、少说话。因为真正的本事是干出来的，不是说出来的。

行走于职场中，每个人都希望能得到别人的肯定。当我们让别人表现得比我们优越时，他们就会有一种得到肯定的感觉，但是当我们表现得比他们优越时，对别人是一种压力，甚至对我们产生敌视情绪。因为谁都在自觉不自觉地维护着自己的形象和尊严，如果有人在他面前显示出高人一等的优越感，那么无形之中是对他自尊的一种挑战与轻视，排斥心理乃至敌意也就油然而生。

日常工作中不难发现这样的人，他们虽然思路敏捷，口若悬河，但刚说几句就令人感到狂妄。这种人多数都是因为太爱表现自己，总想让别人知道自己很有能力，处处想显示自己的优越感，以为这样才能获得他人的敬佩和认可，却不知其结果只会是招致别人的蔑视。

生活经验告诉我们，只有那些谦虚豁达的人才能赢得更多的知己，那些妄自尊大、小看别人而高看自己的人总是令别人反感，最终在交往中使自己到处碰壁。

王先生是一位很有人缘的业务骨干，但是在他刚到单位时，在同级领导中几乎一个朋友都没有。因为那时他正春风得意，常说有多少人找他帮忙，某某人又给他送了礼，上司如何器重他等，大家听了不仅不欣赏他，反而极为反感。后来经人点拨，王先生意识到自己的毛病，从此便很少谈自己而多听同级领导说话。后来，每当他与大家闲聊时，总是先听对方滔滔不绝地表现自己，只有在对方停下来问他的时候，才很谦虚地说一下自己的情况。逐渐，王先生成了办公室里最受欢迎的人。

谦虚的人往往能得到同级领导的信赖，因为谦虚，他们才不会认为你对他有威胁，这样你就会赢得他们的尊重，更好地与其相处。

所以，要学会谦逊，只有这样，才会受到别人的欢迎。

三、巧用自嘲摆脱尴尬

日常生活中，几乎每个人都会遇到一些尴尬的事情或者痛苦的窘境。此时，我们不妨学会自嘲，自嘲是一种沉着冷静的处事本领，更是一种高超的语言艺术。

有一次，古希腊著名哲学家苏格拉底正在家里会见客人，这时，脾气暴躁的妻子为一件小事又开始大吵大闹，苏格拉底好言相劝，妻子不但不听，还当着客人的面，把半盆凉水劈头盖脸地泼下来。坐在旁边的客人以为苏格拉底要大发雷霆了，没想到他却自嘲地说："我就知道，雷声过后肯定就是大雨。"瞬间化解了尴尬的气氛。

据说，很早以前上海有位大学教授叫姚明晖，他身体瘦弱，却总是喜欢穿着宽大的袍子。到了冬天天气变冷，姚教授头上戴着大风帽，从远处看去只露出一副眼镜、一个尖尖的鼻子、一撮翘翘的山羊胡须，十分滑稽。

一天，姚教授以平时一样的装束走进教室。黑板上不知哪个调皮学生用漫画笔法画了一只人面猫头鹰，那“人面”画得活像这位满腹经纶的姚教授。姚教授站在黑板前面看了一会儿，脸上毫无愠色。之后他拿起一支粉笔，一本正经地在漫画旁写道：“此乃姚明晖教授之容也。”写完之后，大家笑了，姚教授也笑了。那位漫画作者舒了一口气，对教授产生了一种高山仰止的尊重和敬意。

当姚教授看到黑板上的漫画时，他知道那是学生们的恶作剧，是学生们在笑话他，这时他如果冲学生们发火，那么结果只能变得更坏，自己丢的脸更大。所以他不冲学生们发火，而是自己主动地指出黑板上画的就是自己。在这种情况下，学生们只顾了笑，而忘记了他丢了脸面，并且此举还会让学生们由衷赞叹教授博大的胸怀。

有一次，美国总统杜鲁门会见麦克阿瑟将军，会见中，这位傲慢的将军拿出烟斗，装上烟丝，把烟斗叼在嘴里，取出火柴，当他准备划燃火柴时才停下来，转过头来看看杜鲁门总统，问道：“我抽烟，你不会介意吧？”显然，这不是真心征求意见。在已经势在必行的情况下，如否定他的做法，就会显得粗鲁和霸道。虽然麦克阿瑟这种做法缺乏礼貌，并使得杜鲁门有些难堪，但总统只是看了麦克阿瑟一眼，自嘲道：“抽吧，将军。别人喷到我脸上的烟雾要比喷在任何一个美国人脸上的烟雾都多。”这样，利用自嘲造成的幽默氛围，使气氛得到缓解，更能使听话者感受到总统的大度。

要想博得同级领导的好感，适时地自嘲有时会达到很好的效果。因为你在自嘲的同时，无形中抬高了同事的地位，这样就容易满足对方的心理需求，放松对你的戒备，在笑谈间轻松交流。

四、拒绝同级领导有讲究

生活中，拒绝别人是件困难的事，一方面你不得不考虑别人的感受，生怕拒绝别人会伤害彼此之间的亲情、友情；另一方面，对于那些有求于你的人，他们会不择手段，死缠烂打，使出浑身解数让你无法拒绝。既然不能直接拒绝，那么就必须有一个合理、充分的理由。如果理由不充分，甚至没有理由，无论沟通技巧多么高超，都无法让被拒绝者信服。

小徐是一家影视公司编辑部的主任，公司要赶在元旦之前摄制一档特别节目。小徐一方面要统筹采、编、播安排，另一方面又要协调与策划部的沟通，忙得不可开交。而偏偏在这个时候，新来的策划部主管以不熟悉业务为由，想把选题策划这一部分的工作甩给小徐来做。

小徐心里明白，这次策划的难度比较大，而且，做好了是策划部的功劳，搞不好的话，除了承担责任外，还要加上一个越俎代庖的罪名，实在是费力不讨好。而且最关键的是她大部分的时间和精力都用在了编辑部的日常工作上，根本分身无术。但是她又不能简单地一口回绝，毕竟策划部、编辑部这两大部门的合作是最频繁的，搞僵了关系，工作上会有很多麻烦。

看着策划部主管期待的眼神，小徐坦诚地说道："我理解你的难处，这个时候我们两个部门是最辛苦的，而且你刚来就接手这么重大的策划活动，压力肯定很大。你看这个问题可不可以这样解决：主要的策划案还是由策划部来出，我这里可以抽调一个记者在这期间做你的助手，帮你熟悉流程和我们这里的选题风格。你觉得会对你有帮助吗？"

策划部主管一听，眼睛发亮地说："比我原来的主意好多了。"

小徐趁热打铁："现在还有个问题，因为这个安排涉及一名记者的临时调配问题，我们还得和老板商量一下。你什么时间有空？”

策划部主管很配合地说：“看你的时间安排吧。”

结果，双方皆大欢喜。

面对对方在关键时刻抛过来的“烫手山芋”，小徐不急、不恼、不抵触。先站在对方的立场上，表示理解对方的难处和苦衷，同时也提出了自己部门的困难；而她给出的方案不但解决了对方的实际问题，也使自己全身而退，并且还以一种巧妙的方式让老板看到了她作为一个部门主管，在关键时刻顾大局、识大体的品质。

当然，在这种情况下，还有另一种处理方式。小徐可以毫不夸张、直截了当地向对方讲讲自己的难处，然后建议策划部主管找老板解决问题，到头来解决的方式可能是一样的。但是那样的话，她留给同事和老板的印象可就不一样了。

而小徐如果水平不够，面对对方扔来的“烫手山芋”，先入为主地觉得“他太自私了，尽想着自己占便宜，一点都不为别的部门考虑”，在这样的心态之下，当然很难处理好问题。

五、与同级领导说话态度要诚恳

我们先来看这样一个事例：

将近年底了，公司财务部主管小黄带着手下的几个员工正为年底财务报表、查账、对外结款的事儿忙得不亦乐乎。一天，午饭的时候，市场部主管老刘一脸苦相地向他求援：“小黄，能不能帮一个忙？最近公司要参加一个促销活动，我手底下的全部人马现在都是1个当10个用，老板给的活动经费又不宽裕，没法到外面雇人，能不能从你们部门借两个人手给我用两天？我知道现在每个部门都是很忙的时候，我也是实在没辙才来难为你。”

看着老刘着急为难的样子，小黄一时犯了难。照理说，小黄和老刘私交不错，在以往的工作中两个人之间的相互照应也不少，无论从部门之间团结互助的角度说，还是单从个人交情上来看，但凡有腾出人手的可能，小黄都会毫不犹豫地帮老刘这个忙。但是现实的问题是，财务部本身的工作尚且需要整个部门加班加点地往前赶，而他这个部门主管如果在这个时候再将人手借到其他部门，肯定会引起员工不满，最要紧的是本部门的工作不能如期完成的话，到老板那里也不好交差。

思前想后，小黄觉得还是坦诚相告为好：“嗯，现在大家都挺忙的，我也很替你着急。不过您刚才提到外雇人手的事儿，倒让我想起个主意。我想知道，您能拿出多少钱来到外边雇人手？”

老刘：“倾全力我一共只能拿出600元钱，活动搞2天，怎么也得雇5个人，这样算下来每个人一天只能拿到60元钱，根本没人愿意来呀。”

小黄：“现在正是学生放假的时候，我爱人有个好朋友是老师，看能否让她在学校里招几个学生来，费用可以低一些，而且对学生来说，有这样一个社会实践的机会也不错，应该很好招到人手的。要不试试看怎么样？”

老刘听小黄说得诚恳，提的建议也不错，对小黄充满了感激。

与同事谈话或拒绝对方的要求时，一定要注意说话态度。具体来说要做到以下几点：

首先，诚恳才能得到同事的谅解。了解到老刘的难处之后，小黄最先表达的意思是“您有难处，我也很替您着急”，不管小黄能不能帮上这个忙，至少在老刘心里，小黄是个急人所急的人，如果帮不了自己的忙，肯定不是因为小黄不想帮，而是有他的难处。

其次，要真心实意地为对方着想。虽然老刘知道自己的求援很有可能会遭到小黄的拒绝，而且就算小黄一口回绝老刘的请求，老刘也能理解，对方确实是因为客观条件所限，爱莫能助。但是出于工作考虑和私人之间的交情，小黄仍是真诚地、尽心尽力地为老刘出谋划策，这让老刘觉得，小黄不但是一个具有合作精神的好同事，更是一个十分关心朋友的知己。

最后，委婉地拒绝对方。真心替他人着想的人，即便是自己真的有很大难处，也很少一开口就拒绝别人的请求，而往往是先以对方的实际问题为首要关注点，在了解到对方的情况之后，再实事求是地让对方明白自己不能帮助他的原因，这样更容易得到对方的谅解，收到事半功倍的效果。

由此可见，在现实工作中，不管你是有求于人，还是拒绝对方的要求，都要用诚恳的态度说话，真诚地为对方着想，这样才能够使别人乐于帮助你，或是你在拒绝别人时不至于伤到他人。

第十章　化解危机的说话艺术

说话是一门学问，需要知识、阅历的支撑，当你的知识、阅历提升了，加上你有好的语言表达能力，自然就会说话了。作为中层领导，如果掌握了说话的艺术，它不仅能增加你个人的魅力和自信，还能够在关键时刻帮你化解危机，打破僵局，让你的难题迎刃而解。

一、反击流言的技巧

中层领导者在组织中的地位本身就比较特殊，因此，他们在职场中也就难免会遭到他人的背后议论，甚至是流言蜚语。

那么，面对流言蜚语，中层领导具体该怎么做呢？

李想是一家企业的销售主管，业绩出众的她不久被提升为销售总监，这自然招来了某些同事的嫉妒。于是有人开始四处传播李想要“跳槽”的谣言。

某日，有位和李想关系密切的同事告诉她说：“听说有猎头直接把电话打到了老板助理那里。公司里都在传，说你嫌这里待遇不高，一心想跳槽。”事实上，李想自己并没有与任何猎头碰过面或通过电话，是否真有猎头打电话到公司也不得而知。这几年，眼看身边好友的薪水“节节高”，虽然她嘴上不说，但内心却羡慕不已。她几次想跟老板提加薪的事，但总觉得面子上过不去，还怕老板不高兴。

很快，李想要“跳槽”的消息传到了老板那里，她被老板请进了办公室。一些人伸长脖子，等着看暴风雨下的“落汤鸡”。不料，李想走出来时满面春风。原来，李想事先就想好利用跳槽的流言让老板主动为自己加薪。公司刚刚起步，正是用人之际，老板担心手下被挖，在表达了公司“殷切希望”的同时，自然主动给她加了薪。因为李想在销售部的业绩十分出色，老板自然不会轻易让她离开。流言非但没使李想在职场上受到羁绊，反而帮助她不费吹灰之力加了薪。

工作中，一个优秀的中层领导难免会招人嫉妒，那么，该如何应对职场的流言呢？以下几个方法可供参考。

1. 不参与闲谈

如果有人在背后谈论你，你心里肯定会很不舒服的，所以不要参与办公室里议论他人的闲谈。如果你听到了关于你的谣言，不要随意指责别人，而应该调查一下谣言的来源，进而沉稳有度地去解决问题。

2. 保持镇定

有些人在流言面前气急败坏，大吵大闹，那样其实是于事无补的，反倒给他人留下遇事急躁、不够沉稳的坏印象。俗话说：“流言止于智者。”正确的做法是在流言面前保持镇定，不要被外界的不良因素影响自己的行为和判断，清者自清，做好自己的本分才是最重要的。

3. 寻求支持

单枪匹马笑对流言，虽说显示了你为人坦荡的一面，但毕竟会让自己陷入孤立无援的境地。主动出击，寻求支持，争取绝大多数的同盟，才是彻底战胜流言之道。需要指出的是，除了积极主动寻求上级的支持外，向下属寻求支援也极为重要。上司在流言面前总会以下属意见为参考，下属的意见有时会很关键。

4. 反省自身

流言绝非空穴来风，流言的出笼是否真的与自己哪方面做得不妥有关？不妨静下心来认真反省，寻找一下源头。谨记，流言面前保持微笑、冷静对待，要比抱怨、生气好得多。

5. 攻其破绽

俗话说，打铁还要自身硬，在扎紧了自己的篱笆后，接下来就可以主动出击，驱赶流言。流言最怕真理和阳光，摆出事实和真相，敞开大门说话，就会给流言以致命一击。

6. 舍弃小利

非常明显的一点就是，所有流言或多或少都与“利”字挂钩，如果你舍弃小“利”或置身“利”外，则可有效回避流言。当然，这里的舍弃是有效舍弃，以此使流言不攻自破。

二、如何在说服中博取信任

对一个中层领导来说，说服别人也许并不是一件难事，但是，要在说服中博取对方的信任，的确是一件不容易的事。

美国在费城举行宪法会议的时候，会议中赞成派和反对派的争论相当激烈，出席者的言论都非常尖锐，甚至演变成了人身攻击。由于出席者有着各方面的差异，利害关系相同的人自然结合在一起，会议充满了火药味和互不信任的气氛。

这时，持赞成意见的富兰克林适时发表了具有说服力的演说，使会议勉强形成了统一意见。但很明显的是，反对派尽管在富兰克林的演说中保持了沉默，却绝口不提“赞成”二字。

富兰克林深深懂得虽然自己基本说服了反对派，使宪法得以通过，但同时也可能失去了他们对自己的信任。于是，当他演说完毕，他面对一直沉默的反对派，不慌不忙地说：“老实说，对这个宪法我也并非完全赞成。”此语一出，会场顿时又热闹起来，马上又回到了刚开始的争执状态。反对派人士不禁感到疑惑：富兰克林既然是赞成派，为什么他不完全赞成自己所提的宪法呢？

停了一会儿，富兰克林才继续说：“我对于自己赞成的这个宪法并没有信心。出席本会议的各位也许对于细则还有些异议，但说心里话，我此时也和你们一样，对这个宪法是否正确抱有怀疑态度，我就是在这种心境下来签署宪法的。”富兰克林接着大声道：“但是，我必须签署这个宪法，我觉得我们现在首要的任务就是必须先向前走这一步。”富兰克林这番出人意料的话，使得激动的反对派终于平静下来，美国的宪法终于圆满通过。

由此可见，对于一件事情，如果仅是强调好的一面，那么对方对你所说的话就会存有不信任的心理。为了让对方相信自己、消除其不信任感而一再强调自己的优点，这样反而缺乏说服力，还不如利用人们的“别扭心态”来取得对方的信任。

例如，你可以先给对方一些不利于自己的消息，使对方觉得你“还蛮老实的”，从而产生想听你继续说话的意愿，此时你便可以附带地为自己说些好话，在不知不觉中让对方接受你。

要博取他人的信任，就要注意讲话的方式和方法。一般人要化解对方的不信任感，往往会以强硬的口气说“请你相信我的话”，或者说“根本没有那回事”，结果反而使对方的不信任感更加强烈。因为这样说是在否定对方，实际是一种正面的攻击，这样做是不会产生好的效果的。

三、刻意误解对方的语意

同事之间产生矛盾是不可避免的事，但是有时又不便直接说明，这时不妨刻意误解对方的语意，既给自己赢回面子，又含蓄地表明了自己的态度。这样不但可以使自己或他人摆脱尴尬，你的智慧也会令人信服。

普希金并不出名时，有一次，在一个公爵家的舞会上，身材矮小的他想邀请一位漂亮的贵族小姐跳舞。贵族小姐傲慢地说："我不能和小孩子一起跳舞。""对不起。"普希金很有礼貌地鞠了一躬："亲爱的小姐，我真的不知道您正怀着孩子呢！"普希金的"误解"既使自己摆脱了尴尬，也给了贵族小姐有力的回击。贵族小姐说出的"我不能和小孩子一起跳舞"这句话，本意是贬损对方"你是小孩子，我不能和你一起跳舞"，而普希金在尴尬的处境中故意将这句话误解为"我怀有孩子，跳舞对孩子不好"，巧妙地嘲笑了贵族小姐的傲慢和无礼。

同样一句话可以表达出不同的含意，只要巧妙地将对方的语言做出有利于自己的解释，便可委婉含蓄地达到目的。但需要注意的是，刻意误解要使用适当，针对具体的人和事，才能收到预期效果。

某学校的一个实验室丢失了一个凸透镜，实验室老师偶然发现有几个同学正拿着实验室的凸透镜在阳光下玩耍。这几位同学也看见了老师，神情非常慌张。

老师并没有责怪他们，而是笑着说："哟，凸透镜找到了，谢谢你们啊！昨天我到实验室准备实验，发现少了一个凸透镜，我想大概是搬迁过程中丢失了。我沿途找了好几遍都没有找到，谢谢你们帮我找到了这个凸透镜。这样吧，你们继续做实验，做完了还给我也不迟。"

这几位同学松了一口气，连忙答应了下来。后来这几位同学果然把凸透镜还了回去。

这位老师为了给学生们留情面，刻意误解是他们帮助自己找到了凸透镜，将责备化成了感激，令学生们在摆脱尴尬的同时对老师无限感激，老师拿回凸透镜的目的顺利达到了，同时也维护了学生们的自尊心。这就是刻意误解、巧妙表达的妙处。

由此可见，有时候"刻意误解"对人、对己都是有好处的。在人生中，人们定会遇到许许多多令自己"难堪"的情境，对此，不妨借助于"误解"化解一下，而不是去斤斤计较。

四、以谬制谬化解危机

以谬制谬，即用比较荒谬的语言来回应对方荒谬的说法，从而使对方承认自己话语的无理。当遇到诡辩的时候，如果能及时抓住对方在概念、判断、推理中的某些悖论，将逻辑与机智融为一体，借用原话指出其不能自圆其说的逻辑矛盾，对方的论点就不攻自破了。这就是“以子之矛攻子之盾”之术。

战国时期，楚庄王有一匹心爱的马死了，他非常心疼地要群臣为其办丧事，并想用大夫的礼仪予以厚葬。大臣们都觉得荒唐，纷纷劝他别这么做。楚庄王不仅不听，反而下令说：“凡敢再为葬马之事谏劝者，一律处死。”众大臣都惊惧得不敢说话。

优孟听说后，号啕大哭地走进王宫。楚庄王好奇地问他为什么哭，优孟说：“那死去的马是大王最心爱的，像楚国这样一个堂堂大国，对这匹马只以大夫的礼仪埋葬，未免太寒酸了，请用君王之礼厚葬它吧！”

楚庄王问：“照你看，怎么办才好呢？”

优孟慢慢地说道：“拿白玉做棺，红木做椁，调集大批士兵挖坟，发动全城男女去挑土。出殡时，要齐、赵两国之使臣在前面陪送，让韩、魏使节在后面护卫，还要建一座祠庙，放上牌位，追封它为万户侯。这就能让天下人知道，大王您是重马轻人的君主了！”

楚庄王听了，幡然悔悟：“我的过错竟如此之大。那么，到底应该怎么办呢？”

优孟见楚庄王收回了成命，就建议道：“以灶头为椁，铁锅为棺，放上花椒、桂皮、生姜、大蒜，把马肉煮得香喷喷的，让人们饱食一顿。”

楚庄王见优孟说得有理，就下令照办。

论辩中还可以用对方的荒谬逻辑推出更为荒谬的事情来反驳对方，以谬制谬，让对方的观点不攻而破。

某城市的火车站候车室内，有个男青年一口痰吐在了洁白的墙壁上。车站管理员见状，便上前指责说："同志，'请勿随地吐痰'的标语你没有看到吗？"车站管理员的话马上吸引了周围的一些旅客，大家都围过来看热闹。男青年见到围观者众多，便争辩道："我当然看到了，但我的痰是吐在墙上的，又不是吐在地上！"围观的人群中顿时爆发出一阵哄笑声。车站管理员马上回应道："照你这种说法，那么我有痰就可以吐到你的衣服上了，因为衣服也不是地啊。"在众人的哄笑声中，男青年哑口无言。在这段对话中，车站管理员巧妙地运用了以谬制谬的方法，使男青年的荒谬语言不攻自破。

在现实管理活动中，与蛮不讲理的人讲道理往往是无效的。由于对方并不讲道理，同这样的人去理论常常易使自己陷入十分尴尬的境地。所以，中层领导要想摆脱这种尴尬的境地，就得学会使用"以谬制谬"的方法，重新造出一个与对方语言形式、逻辑形式相同，而语意截然相反的话语，从而给对方以有力的还击，让其不得不承认自己的错误。以谬制谬的方法只要用得合情合理，就会使你化解尴尬。需要注意的是，运用此方法的首要条件是对方有"谬"在先，如果对方的话合情合理，千万不可使用这一方法。

五、顺水推舟的语言艺术

顺水推舟法，是借助对方的话题或观点，出人意料地表达出自己的某种思想的一种方法。采取这种方法时，一定要控制好自己的情绪，不要被对方激怒。如果对方发起的是侮辱性攻击，那么反击也是侮辱性的；如果对方发起的是讽刺性的攻击，那么反击也是讽刺性的。

歌德是德国著名的大诗人，有一天，他在公园的小径上散步时，正巧遇见了一位曾经与之发生过矛盾的批评家。“我从来不给傻瓜让道！”批评家挑衅地说。“我恰恰相反。”歌德说着退到了路边。批评家心胸狭窄，蓄意羞辱歌德一番。然而，歌德没有被对方激怒，而是顺水推舟，回敬了对方一句十分有力度的话，既让批评家“搬起石头砸了自己的脚”，又让自己从遭受侮辱的境地里解脱出来，维护了自己的尊严。

运用顺水推舟法，能达到许多目的。既可以婉言批评，又可以消除尴尬，还可以巧妙讽刺对方。

顺水推舟比喻应顺应趋势采取相应的办法。在交谈中，可顺着对方的话茬自然而然地说下去，让其向着有利于自己的目标发展，最后使对方心悦诚服。

有一次，一位著名演员举办敬老宴会，宴请文艺界许多著名前辈参加。一位九十多岁的老画家在看护的陪同下前来参加宴会。老人坐下后，就拉着一位演员的手目不转睛地看，老人的看护对老人说：“你总看别人不好。”老人不高兴了，说：“我这么大年纪了，为什么不能看她？她就是生得好看。”老人说完，脸都气红了，弄得大家都很尴尬。此时，这位演员笑着对老人说：“您看吧，我是演员，不怕人看。”演员很巧妙地接着老人的话，顺水推舟，合情合理，化解了尴尬。

怎样才能更好地使用顺水推舟的说话技巧？首先，要认清对方的心态。对方的心态决定了其说话的内容和方式，在谈话的过程中注意这一点，才能把握机会，顺水推舟。然后，要因势利导。有时候，机会要靠自己创造，在和他人谈话的时候，要注意因势利导，克服对方的抵触心理，软化对方的立场，一步一步引导对方进入自己设置的语言环境，为“顺水推舟”做好准备。

六、将错就错巧妙应答

在与人沟通过程中，最容易出现的尴尬就是口误了。人在紧张的时候最容易口误，经验不足的人碰到这种情况，往往懊恼不已，心慌意乱，越发紧张，结果接下去的表现更为糟糕。如果此时将错就错，补救措施采取得当，你不仅不会尴尬，反而会使自己的话更精彩。

将错就错法，就是顺着对方说出的内容错误的话，肯定其错误是对的，然后说出一句"大谬特谬"的话，让对方大吃一惊。这样说话，风趣幽默，又很有说服力。

加拿大前外交官斯特·郎宁 1893 年出生于中国湖北的襄阳，他在 1923 年竞选省议员时，反对派一边喝着牛奶一边宣传郎宁是"喝中国人的奶长大的，身上一定有中国人的血统"。郎宁以其人之道还治其人之身，将错就错地反击说："你们都是喝牛奶长大的，身上一定有牛的血统了？"这样的妙语幽默风趣，既是笑话又非笑话，有礼有节，让对方的错误显而易见。

我们来看两个有趣的故事。

李鸿章有个远房亲戚，胸无点墨而热衷科举。在考场上打开试卷，竟有一多半字不认识，急得如热锅上的蚂蚁。眼看交卷时间就要到了，他灵机一动，在试卷上写道："我乃李鸿章李中堂大人的亲妻（戚）。"主考官批阅这份试卷时拈须微笑，提笔在试卷上批道："所以本官不敢娶（取）你。"主考官巧借李某一个错字，来个将错就错，获得了强烈的讽刺效果。

乔治·费多到饭店里用餐，当女服务员送来一只缺了腿的龙虾时，他感到不满。服务员振振有词地解释道："请您原谅，这是龙虾的错！在蓄养池里的龙虾爱打架，被打败了的往往就会变得残肢少腿。""既然这样，"

费多吩咐道，“快把这只失败者端走，把那只斗赢的成功者送来！”

服务员强词夺理，硬拿龙虾互斗这种理由来掩饰服务不周。费多将错就错，先肯定了服务员的理由是“对”的，然后说出一句表面看来“合情合理”实则荒谬至极的话，使强词夺理的服务员陷入尴尬境地。

运用将错就错的方法技巧是：首先找准错误点，然后肯定其错误，最后反戈一击。

七、不做小道消息的传声筒

人在职场，总会遇到各式各样的困扰，跟某个同事走得近，就会有人说你拉帮结派；男同事热心帮助女同事，会被人说成“有一腿”；因工作努力被提拔，却被说成跟领导关系不一般，要么送了礼、要么男女关系有问题。俗话说，有人就有是非，有是非就有“八卦”。美国《高速企业》杂志一项关于办公室“八卦”的调查显示：63%的受访者认为流言蜚语对团队有负面影响。

在办公室这个弹丸之地，此起彼伏的流言蜚语，其杀伤力之强令人匪夷所思。如何在办公室里保护好自己，实在是一门大学问。下面这些内容是你不得不学的。

适时闭上你的嘴巴，你会看起来更加可爱。别在办公室谈论自己的私事，或是在同事间散播别人的八卦，这两种行为都会不自觉地把自己推入危险的境地。你绝对应该张大耳朵，封紧嘴巴。“有耳无嘴”不只是大人教训小孩子的话，也是办公室丛林的生存法则之一。

不管你在办公室受了多大冤屈，苦水满腹，都不应该向同事诉苦。原因有二：其一，牢骚如同狐臭，人人避之唯恐不及，没有人有义务当你的情绪垃圾桶；其二，办公室不是你找心理医生的地方，有些人会以为互相交换心事是两人结盟的保证，但这往往就成了对方手上的把柄了。

所谓“祸从口出”，口水是名副其实的“祸水”，不管是泄露自己的私事还是转述听来的是非，都可能让自己陷入言多必失的危险境地。

做个“含蓄”的人，无论你是富贵有余还是穷苦不足，都不要向别人显露。而对于私生活，更应该保有隐私权。不要让老板认为你是一个喜欢搅在是非中的人。

避免敏感话题。不要去探究别人的年终奖金之类的问题。对于此类问题，你自己也是不会喜欢告诉别人的，所谓“己所不欲，勿施于人”，就是这个道理。

总之，少说多听是一条永恒的守则。在与人交往中要记住，自己的脑子一定要管住自己的嘴巴，说话一定要经过思考，这样才能长久地远离是非，拥有快乐。

下 篇
中层领导的处事方略

处事，绝不是一件小事情，而是关系我们能成就多大事业的重要课题。一个人不管有多聪明、多能干，如果不懂得如何与周围的人相处，就很难在天地间谋事。尤其是身处“夹缝”中的中层领导，为人处事显得尤为重要。你做的每一项工作，几乎都需要上司的支持、同级的合作、下属的执行，如果不能处理好与这三者的关系，工作将很难进行下去。所以，中层领导要掌握好处事之道，处理好了每个与人交往的环节和做事的规则，那么你就会成为一个处处受人欢迎、得人拥护、博人尊敬的好领导。

第十一章　巧妙拉近与上司的距离

人与人之间之所以距离远，是因为心远；之所以距离近，是因为心近。作为中层领导，多与上司接触，拉近彼此的距离，让上司了解你、喜欢你，甚至把你当知心人，无论是从开展工作还是从个人发展机会的角度来看，都是很重要、很“实惠”的事情。

一、拉近距离先从了解开始

中层领导要想干好工作，获得进一步的发展，必须要得到上司的支持和信赖。所以尽可能全面地了解上司，适应上司的行事风格就显得尤为重要了。只有了解上司才能准确地领会上司的意图，并按上司的要求办事。如果不了解上司的性情、脾气、个人喜好，只知道挥汗如雨地埋头苦干，即使工作能力很强，也不一定能得到赏识和认同。所以在工作中不妨多留意上司的言谈举止，细细品味上司的为人，掌握上司的好恶，这样既可以减少相处过程中不必要的摩擦，还可以促进相互之间的关系，有利于工作的开展。

那么，中层领导应从哪些方面了解上司呢？

1. 了解上司的成长史

一个人的成长史是这个人的发展轨迹，也是这个人发展方向的基本标志。了解上司的历史，也就掌握了他的基本奋斗脉络。一般来说，靠个人努力奋斗走上来的上司，也比较欣赏和喜欢这样的下属，因为从这样的下属身上可以看到自己的影子；通过广泛地建立人际关系而成功的上司，同样也喜欢拥有丰富的人际关系资源并能有效地利用这种资源的下属。了解了上司的成长史，就能了解上司，从而更好地配合和支持领导的工作，顺利开展自己的工作。

2. 了解上司的性格

一个人的性格不难了解，中层领导如果能了解上司的性格并与之和谐相处，就会赢得上司的欣赏。

被称为全世界最伟大的矿务工程师的哈曼是耶鲁大学毕业的学生，而后又在德国的菲莱堡研读三年，学成后归国，找到当时美国西部的大矿产业主哈斯特先生，想谋求一个职位。

据福贝恩说："哈斯特是个性情执拗、重视实际的人。他一向不信任那些斯文秀气、专讲述理论的矿务工程师。因此，执拗、粗暴的哈斯特便对哈曼说：'我不录用你，只因为你曾在菲莱堡研读过，脑子里满是一些幼稚的理论，我可不需要文质彬彬的工程师。哈曼回答说：'如果你答应不告知我的父亲，我想向你说句话。'哈斯特爽快地答应了。哈曼便说：'其实，我在菲莱堡一点学问都没学到。'结果，哈斯特大笑着说：'好！很好！你明天就来上班吧！'"

哈曼正是利用了哈斯特重视实际这一性格特点，从而获得了自己想要的职位。如果你也能根据上司不同的性格特点，采用相应的方式来与之相处，得到上司的赏识就没有那么困难了。

3. 知道上司的长处和弱点

管理学大师德鲁克曾说，要想管理上司并不难。只要你了解上司的长处，知道上司能做什么，并且重视上司的长处，协助其发挥自己的长处，这样的管理就是有效的。

要使上司发挥其所长，不能以谄媚的方式，而应该采取实事求是的态度，以上司能接受的方式提出正确的意见。在此之前需要先了解上司究竟能做些什么事？他过去真正做好过哪些事？他需要你完成些什么事才有助于其发挥特长？你应该努力使他发挥特长，设法为他创造一切可能的有利条件，一旦你的上司发现你真正支持他，他就会乐于听取并采纳你提出的有关政策和管理的意见。

4. 适应上司的工作作风

不同的上司有不同的工作方法，处理问题的方式也各有不同。比如，上司重视按规章制度办事，那你就不能随便处理事务；上司办事干净利索，你就不能做事拖拖拉拉；上司喜欢知道大小事务的进展，你就要详细向他汇报；上司讨厌冗长的文件，你就要抓住重点，最好是进行口头汇报。总之，中层领导要根据上司的工作作风来确定自己的工作方式，以保持与上司的步调一致，顺利推进工作。

5. 了解上司的目标

每一个人都在为不同的目标而努力，当你在为某个上司或企业服务时，若目标与之相悖是令你脱颖而出的最大障碍。因此，我们要了解上司的目标。

了解上司的目标最直接的办法就是向上司请教，看看上司是否愿意将他那些和工作有关的长期性和短期性目标以及策略拿出来与你共同分享。

很多上司对自己有着系统的规划，有时他们会用一种比较随意的方法表达自己的目标和策略。比如，在计划会议中，用口头方式阐述自己的目标和想法。这时候，中层领导一定要用心将其记下来，会议结束后，把这些口头叙述整理成较为系统但又一目了然的记录，以备不时之需。

也许上司从来就没有明确地表达过他的目标，但通过日常接触，我们可以逐渐了解到一些方向。只要将上司所负责的计划一一列出，再进行一下思考，就能分析出上司想要的最佳结果是什么。

整个过程要依赖于你在工作中和上司接触的直觉以及你行为的自发性。了解上司的目标是非常重要的，一旦发现自己的工作目标和上司的不一致，一定要立刻进行调整，朝着那个方向去努力。

二、让上司体验“主角”的优越感

我有一个习惯，每当和我的领导一起参加活动，特别是那种大型的，都会主动提出为领导拍照留念。切记，“主动”和“被动”虽然只有一字之差，但是效果却千差万别。主要是在心理层次的差距，优越感的差距。

其实，许多事，需要你主动提出来，而不是要领导安排你去做。让领导体会到优越感的事情有很多，只要用心发现，相信你的职场之路一定会很顺畅。

尊重别人，满足对方的成就感，是人类生存的一条基本行为准则。如果你遵循它，就会得到快乐；如果你违背了它，它就会带给你无止境的挫折。就像一位西方教授所说的“人们最迫切的愿望就是希望自己受到重视”。

在工作中要尽量避免和领导发生冲突，让领导感到他才是握有权力的主角。随时观察领导的反应，让他保持心情舒畅，这样你的工作也就自然顺利了。在人际交往与沟通中，更要让领导扮演主角。对领导的兴趣、爱好和说话的特点都要做到了如指掌。这种做法并不是在教你阿谀奉承，而是让你以不着痕迹的方式，让领导明白他在你心中是很重要的人物，你非常尊重他。

作为下属，你在领导面前应该尽量摆正位置，要表现得谦虚、朴实，这样，在某种程度上会给领导以信赖感。

实际上，越是表面谦虚的人越是聪明的人，你谦虚是为了凸显对方的强大；你朴实会让人乐于与你和睦相处，认为你亲切、可靠；你恭敬顺从，可以使领导有被尊重感。如果能让周围的人都产生这种心理，对你来

讲是十分有利的。相反，如果你处处摆高姿态，表现得咄咄逼人，你的领导也会被你搞得精神紧张，做事变得没有把握，更容易造成他人不服输的心态，就连同事都会与你作对，给你难堪，那么，你的工作就会变得寸步难行了。

因此，为了把工作做得更好，不妨常以低姿态出现在领导面前，充分摆正自己的位置，以获得领导在工作上的帮助与支持。

三、用赞美拉近与上司的距离

赞美是对上司能力的认可、支持和褒扬，是下属与上司搞好关系的“润滑剂”。上司也是普通人，也希望有人赞美，有人鼓励和喝彩。然而，由于上司与下属关系的特殊性，就使得下属对上司的称赞有些微妙，这个分寸一旦把握不好，就会被人误认为你是在为了某种工作利益而拍上司的“马屁”。

那么，赞美的要诀究竟有哪些呢？

1. 思想要正确

上司同其他人一样，也有七情六欲，也会为成功而欢欣鼓舞，会为失败而痛惜不已。因此，适度地赞美上司，能够不同程度地增强上司的进取心和自信心。但不可借赞美之机，无原则地对上司大加吹捧。赞美不当，你也可能受到上司的斥责，被上司视为溜须拍马之人。

2. 语言要恰当

赞美上司要尽量使用“中性”词，切不可滥用形容词和副词。态度要诚恳，要出于真心。如果开口“最、最、最”，闭口“很、很、很”，不但会使上司感到你言过其实，而且会认为你比较虚浮，言不由衷。

3. 方法要正确

赞美上司值得赞美的优点，也要讲究方法。直接赞美和间接赞美可以并用。直接赞美，主要是指对上司个人“有话直说”，当面赞美。比如，上司刚作完报告，询问你对报告的印象，那你就可以使用恰当的语言实事求是地进行直接赞美，切不要以“还可以”“凑合”之类的话应付了事。间接赞美，包括在对上司当面赞美时采用迂回的方法。你可以把大家听完报告后的反应转告给上司，这既是直接赞美，又是间接赞美的一种非常重要的形式——背后赞美。人的心理常常是厌恶别人背地里讲他的坏话，但是喜欢别人在背后讲他的好话。因此，背后赞美的效果往往要比直接赞美好得多。特别是某位上司对你有成见、有误解时，多采用这种间接赞美的方法，往往能消除成见和误解，融洽双方的关系。

4. 场合要适当

当着上司的面要慎重称赞，切莫将是非掺杂进去，弄巧成拙。在交际场合，称赞上司语言要简练，要起到推销上司的作用。在上司的亲属面前赞美，要抓住他们的共同点。比如，李军到局长家做客，局长夫人热情接待，于是，他抓住局长与夫人在处理人际关系方面的热情、好客大加称赞。因此获得了局长及局长夫人的不少好感。

5. 内容选择要正确

赞美上司时，最要紧的是赞美上司真正在乎的事情，上司不在乎的事情，你喋喋不休地赞美，难免遭到厌弃。比如，新任职的上司的第一次公开讲话，上司做出的被实践证明是完全正确的决策，上司近期所取得的某项工作的成功，上司很擅长的某项技艺，上司子女的“金榜题名”，等等，这些常常是上司很在乎的事情，可以恰当赞美。

总之，赞美上司要适度，要因人而异。很重要的一点就是平常与上司多接触、多交流，接触得多自然就熟悉了，才能恰到好处地赞美上司。

四、与上司的距离要适当

人之所以能够从世间的万事万物中感受到和谐之美，全在于人们之间保持着适当的距离。而中层领导与上司交往，也应注意保持心理上的安全距离。

有句话说得好，距离产生美。不要认为人与人之间的距离越近，关系就越深。有的人认为自己跟上司是多年的老关系，而且整天形影不离，前途已大有保障。其实，眼下的得意是微不足道的，一点也靠不住。不久之后你可能突然发现，这种表面很近的距离、很牢靠的关系其实是很危险的，就像走钢丝一样，不跌便罢，一跌下去，那将会是粉身碎骨！

和领导走得太近会带来的消极后果：会招来同事的嫉妒和非议，人人都用有色眼光看你。

王小姐是一家电子公司的总经理秘书，在入职这家公司之前，她并没有秘书工作经验。成功应聘之后，她告诉自己和异性上司打交道，首先要注意保持距离。

作为总经理秘书，王小姐难免对总经理一些个人生活习惯和隐私有所了解，但王小姐坚持对上司的了解和认识要有一定的度，认为知道得太多并非好事，有些事情甚至知道了反而是一种负担。因此，在日常工作的交往中，王小姐刻意和总经理保持距离，绝不参与到总经理的私人生活中。

大家都知道，矛盾是在交往中形成的，只有互不往来的人才有可能没有矛盾。事实上，如果你与上司关系太密切，可能越容易出现意见不合的情况，那么就越有可能产生矛盾。与上司过度亲近会碰到很多烦琐的生活小节，而自己总会有做得不够圆满的地方，要知道，人们对于一个人的优点也许不会太过留意，但是对于别人的缺点却会印象深刻。因而你一旦有做得不够完美的地方，只会让你的上司不满。另外，每个人都有弱点，有能力不足的时候，在你与上司频繁的接触中，你性格上的弱点和能力上的不足也就被上司摸透了。对上司来说，你就一览无余地暴露在他的眼皮之下，这样一来，反而容易成为不被上司信任的人。

反之，就算你的能力得到了上司的赏识，那么带来更多的是上司把什么事情都推给你做，上司的欣赏可能会让你困在永远都忙不完的事务之中，没有空余时间做自己想做的事。

因此，只有与上司保持恰当的距离，你们之间的关系才能保持和谐，周围的人也不会用有色眼睛看你。

五、一定要学会推功揽过这一招

在日常管理过程中，我们时常会看到这样一些现象，那就是许多人在做汇报的时候，将功劳和业绩都归于上级的英明领导，把自己置于一个执行者的角色。他们抓住的恰恰就是上司对于虚荣的心理需求，把功劳推给上司，并不意味着你就没有功劳了，大家对事实心知肚明。话说回来，一个合格的上司，他也不会真的抢你的功劳，相反，他会对你的为人处事的风格更加赞赏。如此看来，“推功揽过”实在有百利而无一害。

事实也是如此，那些在职场上成功的人，大都懂得与别人分享美名。在他还没有成功的时候，懂得与人一起分享利益，所以朋友帮助他成功；当他成功以后，又懂得推功揽过，认为都是大家的功劳，失误自己承担，这样吸引更多的人聚集在他身边，这样的人不成功都难。

好的东西，每一个人都喜欢，越是好吃的东西越舍不得给别人，这是人之常情，但如果你只会打眼前的算盘，急功近利，将来一定会吃亏。而且，对上司让功一事绝不可到处宣传，如果你不能做到这一点，倒不如不让的好。

只会推功还不够，你还得学会适时揽过。

人无完人，事有成败。上司再英明，工作中犯错误也是难免的。作为中层领导，危难时勇担责任，方显忠勇胆色。越是关键处，越要维护上司的权威，主动揽过，以实际行动帮助领导解决问题，渡过难关。

工作中，除了严重的、原则性的错误外，中层领导如果能够以大局为重，挺身而出，代上司受过，并全力帮助上司渡过难关，一定会增进彼此的感情，赢得上司的信任和感激，把你当自己人看待，在适当的时候，你的损失也会得到补偿。

更何况，上司的成功也就意味着组织的成功，上司的失败也就意味着组织的失败。中层领导帮助上司成功，等于是在帮组织成功、帮自己成功。

所以，作为中层领导，不论是从眼前利益还是从自身的长远发展考虑，推功揽过这一招都要适当用一用。

六、如何与不同性格的上司相处

身在职场，你会遇到各种各样的上司，如温和而谨慎的、暴躁又武断的、猜忌又狭隘的等，每个人都有与众不同的个性。这让作为下属的你常常感觉无所适从，不知道怎么做才能令他们满意，不知道问题究竟出在哪里。对此，有一条原则必须谨记：在别人手下做事，就要适应别人，否则就会陷入非常尴尬的境地。关键是要明白一个道理—— 一把钥匙开一把锁，对待不同的上司应有不同的相处之道，掌握了恰当的应对策略，一切问题就会迎刃而解了。

1. 工作狂式的上司

面对工作狂式的上司，你可以示弱于他。这类上司往往认为自己是天下最能干的人，每天除了执着于工作没有别的事情，时间对他来说似乎永远停止在白天。他也希望下属都和自己一样拼命工作，不舍昼夜。那么你就不断向他求教，让他感觉到你是在他的英明领导下工作，并取得成就的，这样才能得到他的赏识和重用。

2. 强权倾向的上司

面对强权倾向的上司，你就要勇敢一点，这类上司通常认为下属是需要压制的，否则就会翻了天，只有他的权力够大，下属才会乖乖听话。对于这样的上司，最好不要去惹他，但当预见到他将会对你不利时，你就必须让他感觉到你的重要价值，千万不要被他吓倒，没有点勇气，你只能做个受气包。

3. 喜欢猜忌的上司

如果你的上司是个喜欢猜忌的人，最好的办法就是每天或者至少是每周向他汇报一次工作，清楚地告诉他你今天或这周都做了哪些工作，以打消他的疑心，使之不必整天怀疑你偷懒不干活。上司都喜欢下属向他汇报和请示，尤其是喜欢猜忌的上司更是如此。

4. 优柔寡断的上司

跟随优柔寡断的上司工作通常会很累。已经决定好的事情，只要别人提出一点意见，他就会改变计划，下属就要从头再来。对于这类上司，你没有耐心是不行的。你可以在不让他感到有失身份的前提下支持他的决定，帮他增强信心。这种上司做决定的时候通常愿意与人商量，你能多跟他探讨一些问题，还会增加他对你的信赖。

5. 健忘型的上司

有的上司似乎很健忘，自己讲过的话、做过的决定，没过几天就忘记了，弄得你左右为难。对于这样的上司，最好的方法是当他向你布置任务时，你不厌其烦地多问他几次，特别是某些细节要多请他拿主意，从而使上司加深印象。你还可以把他的话进行概括，用简短的语言重复给他听，分出要点，取得他的认可。这样他就会记住自己说了些什么。

6. 糊涂型的上司

假如你的上司有点糊涂，而你在具体工作中又经常要与他打交道，为了既不与上司发生矛盾，又不影响自己的工作，该怎样应对糊涂的上司呢？

有的上司布置工作时没有明确具体的目标和要求，既可理解成这样，又可理解成那样，甚至有时前后矛盾。你可不要真的以为他糊涂，那不过是他的领导风格。对把握不定的事他采取这样的态度，正是推卸责任的一种手段。一旦你按自己的理解去做了，他就会责怪说：他的要求不是这样，你弄错了。在这种情况下，你只有打破砂锅问到底，在接受工作时，一定详细问清具体目标和要求，特别在时间要求、操作程序、质量标准、资金数量等方面尽可能明确些，并一一记录在册，让上司核准后再动手。否则，出了问题时你就会受不白之冤。

总之，对于不同类型的上司就要使用不同的应对策略，并且不断地变化方法，与上司形成良好配合，这样才能受到上司的器重，才能在职场中游刃有余，立于不败之地。

第十二章　让才能在上司面前“曝光”

最受上司赏识的下属，一定是那些能给公司带来利益的下属。因此，中层领导一定要把自己的工作当成一项事业来做，真正做出卓越的成绩来，而不能仅盲目地为做事而做事，不关心效果。追求“功劳”而不是“苦劳”，是每一个想取得成功的中层领导必须具备的基本理念。

一、让业绩证明你的能力

作为职场精英，如果你认为自己有能力，就用业绩来证明自己！首先，要明白你的薪水从哪里来？老板为什么付给你薪水？没有企业的快速发展和高额利润，员工不可能获取丰厚的薪水，只有公司赚了钱，员工才可能获得较好的回报。从某种意义上讲，为公司赚钱就是为自己加薪。

无论从事哪一行，你都必须用良好的业绩证明你是公司珍贵的资产，证明你可以帮助公司赚钱。正如比尔·盖茨所说：“能为公司赚钱的人，才是公司最需要的人。”

卡莉在美国电报电话公司时，曾三次要求到最容易出成绩的部门工作。第一次，她去销售部门，拓展了韩国的市场，获得了客户的尊敬和好评，这就是业绩。第二次，她去了被称为烂摊子的“接入部门”，把它管理得井然有序，营运成本大幅下降，得到公司高层的一致赞赏，这也是突出的业绩。第三次，她去分离出去的新部门做销售，在她的努力下，业务增长率由原来的年增长8%～10%，上升到年增长60%，年营业额扩大到300亿美元，这更是一大业绩。有了这些业绩硬指标，高层领导越来越赏识她，不断地提拔她，最后她当上了世界500强之一的惠普公司的总裁。

亚科卡的快速晋升，也是因为有突出的业绩。有一次，他搞“56买56”的促销活动，获得成功，他的销售业绩跃升为公司第一名，其销售方式被总部推广到全国。还有一次，他主持开发出“野马”新车型，在市场上大获成功，创造了福特公司单车种的最高销量，这更是突出的业绩。所以后来他被老板连连提升，直至担任公司总裁。

还有GE的韦尔奇、可口可乐的罗伯托、格力电器的董明珠、IBM的吴士宏等，都曾因为做出了显著的业绩而连连获得晋升。可见，做出突出的业绩，是中层领导获得晋升的最硬的条件。

在一个凭实力说话的年代，讲究能者上庸者下，没有哪个公司愿意拿钱去养一些无用的闲人。能力是衡量一个人的标准，能够为公司带来效益的人，才能被公司持续重用。

公司不会停止前进的脚步，如果你不能朝着前面的道路迈进，拿业绩来证明自己，那你只能面临一个结果——被淘汰。这个结果虽说有些残酷，但这就是市场竞争的结果，如果公司不淘汰你，那么公司就会被市场淘汰。

日本企业家松下幸之助说过：“企业家不赚钱就是犯罪。”无论对于哪一个公司来说，业绩都是公司运作的核心，看重员工的业绩是企业生存的需要。能为公司赚取利润的人，对公司的发展是有重要价值的。

一个企业要生存发展，要能赚钱才行。一个成功的老板背后必然有一群能力卓越、业绩突出的员工。没有这些成功的员工，老板的辉煌事业将无法继续下去。所以，老板看重业绩，势在必行。

因此，要想获得晋升或加薪的机会，你就必须做出好的业绩。

工作业绩最能证明你的工作能力，体现你的个人价值。事实表明，既能跟老板同舟共济，又业绩斐然的下属，是最令老板倾心的。如果你在工作中总能找出更有效率、更经济的办事方法，你就能提升自己在老板心目中的地位。你将会被实际而长远地委以重任，因为出色的业绩已使你变成一位不可取代的重要人物。

对任何员工而言，公司都是努力证明自己的战场。无论何时、何地，如果你没有做出成绩，没有功劳，即使你现在已经坐上了中层领导的位置，也会是受别人摆布的棋子，甚至是一枚弃用的棋子。所以，很多时候你需要用成绩证明你的存在和优秀。你想证明自己最好的办法就是主动创造“功劳”而不是亮出“苦劳”。

二、处处为上司着想才是聪明的下属

员工有员工的烦恼，上司有上司的苦恼，上司也可能会因为工作头绪繁多而忙得焦头烂额，可能会因为事业发展阻力太大而停滞不前，也可能会因为生活中不顺心的事情而沮丧不已。因此，作为下属，你要多为上司着想，对陷入困境中的上司要热心帮助。然而大多数人遇到这种情况会觉得上司都帮不了，自己也帮不上忙。其实，只要你说出一句“我能不能帮上忙”的话语，上司就会感激不已的。

当上司有困难时，或者大家都不敢接近上司时，如果你不计利害去帮助他，上司心中的感激是可想而知的。多为上司着想的下属其实才是聪明的下属。

“战国四公子”之一的孟尝君喜欢招贤纳士，来为自己做事。这其中有一个叫冯谖的人，就是一个会为孟尝君着想的贤能人才。

一次，孟尝君派冯谖去自己的封地薛城收债，冯谖在出发前问孟尝君：“回来的时候，要买点什么东西？”孟尝君说：“你看这里需要什么，就买什么回来吧。”于是冯谖拜别孟尝君赶往薛城。到了薛城后，他把欠债的老百姓都召集过来，叫他们把欠条拿出来核对。老百姓正在发愁还不起这些债时，冯谖却对老百姓说：“孟尝君让我转告大家，还不了的，一概免了。”接着，他点起一把火，把欠条全都烧掉了。当冯谖回去见到孟尝君，把事情的经过告诉他时，孟尝君十分生气：“你把欠条都烧了，我这3000人吃什么？”冯谖不慌不忙地说：“我临走的时候，您不是说这儿缺什么就买什么吗？我觉得您这里别的什么都不缺，就是缺少老百姓的情义，因此我把情义买回来了。”孟尝君听了虽然很生气，但也没有再说什么。

后来孟尝君在官场遇到了挫折，被撤了职，回到自己的封地薛城。当孟尝君的马车离薛城还有一百里地的时候，就看见薛城的很多老百姓在大道两旁迎接他回来。原来，当初冯谖一把火烧了薛城百姓的欠条，老百姓都十分感谢孟尝君，因此，一听说孟尝君要回薛城，都赶来迎接。孟尝君见此情景非常感动，对冯谖说：“你过去给我买的情义，我今天终于看到了。”在孟尝君事业的低潮时期，最需要的就是百姓的爱戴和支持，这是用金钱和权力无法得到的。冯谖的做法在当时看似对上司有所违背，但是从长远考虑，他是全心全意为孟尝君着想，是真正的忠于上司的下属。

我们今天的每一位中层领导也应像冯谖一样，做到处处为上司着想。如果认为上司的某个决定欠妥，对上司和公司十分不利，就应该坚决反对。但是给上司提意见要讲究方式和方法，要看你怎么说、什么时候说能更易于被上司接受。首先，应避免当众提出反对意见。在任何情况下，我们都要维护上司的面子，当众提出反对意见，会让上司下不来台，自己的意见也容易被上司否定。其次，选择私下沟通。私下面对面地沟通，除了可以运用语言艺术外，还可以运用表情、肢体语言来清晰完整地表达自己的意思，更可以看到上司的反应和面部表情，以便及时调整自己讲话的方式。作为中层领导，在给上司提意见时，只要出于公心、考虑周到，就会收到良好的效果。

三、能力就体现在工作效率上

有一种人，桌子上摆满了文件，总是手忙脚乱，一副日理万机的样子。这种人工作十分认真，对自己的工作也充满了热忱，有时下了班还要加班到很晚。他们以为这样做就能给老板一个好印象，得到大家的好评和老板的重用。把工作看作是第一位的，这还不够吗？哪个老板会不喜欢下属天天加班？

精明的上司从下属的忙碌中能看出许多问题，他们中的相当一部分人是因为自己的能力有限，于是希望通过忙碌来引起上司的注意，他们生怕自己被忽视，便加倍地忙碌，其目的在于把自己表现为一个能干的人。但精明的上司总能透过他们的工作内容看出他们的本领，而无须探询他们忙得团团转的理由。因为，困难的工作不一定会使人显得很忙。而终日忙得晕头转向的人不一定是个能干的人。

张三和李四同时受雇于一家店铺，拿同样的薪水。一段时间后，张三青云直上，李四却原地踏步。李四想不通：上司为何厚此薄彼？

上司于是说："李四，你现在到集市上去一下，看看今天早上有卖土豆的吗？"一会儿，李四回来汇报："只有一个农民拉了一车土豆在卖。"

"有多少？"上司又问。

李四没有问过，于是赶紧又跑到集上，然后回来告诉上司："一共40袋土豆。"

"价格呢？"

"您没有叫我打听价格。"李四委屈地申明。

上司又把张三叫来："张三，你现在到集市上去一下，看看今天早上有卖土豆的吗？"

张三也很快就从集市上回来了。他向上司汇报说："今天集市上只有一个农民在卖土豆，一共40袋，价格是两毛五分钱一斤。我看了一下，这些土豆的质量不错，价格也便宜，于是顺便带回来一个让您看看。"

张三边说边从提包里拿出土豆："我想这么便宜的土豆一定可以赚钱，根据我们以往的销量，40袋土豆一个星期左右就可以全部卖掉。而且，咱们全部买下还可以再适当优惠。所以，我把那个农民也带来了，他现在正在外面等您回话呢……"

上司看了一眼旁边红了脸的李四，说："这就是你朋友得到晋升的原因。"

上司注重下属的工作态度，更注重下属的工作能力，对上司而言，时间就是金钱，如果你能在相同的时间里比其他人办的事多，而且还办得很好，这就意味着你的能力更强，效率更高。这样的人当然能得到提拔，从众多员工中脱颖而出。

每一个人都希望得到上司的赏识，如果你想在竞争中脱颖而出，就必须比别的同事能干才行。

四、要恃才助上，不要恃才傲上

要想成为一个受上司器重的下属，要懂得恃才助上，而不要恃才傲上，这样才能获得来自上司的最大助力。很多有才华的中层领导喜欢按照自己的方式做事，不太懂得顾及上司的感受，因此往往得不到上司的重用。

蒙牛集团曾宣布在全球范围内进行总裁招聘，一时间吸引了不少业内外人士。经过8个月的激烈角逐，蒙牛副总裁杨文俊最终胜出，并正式接替牛根生担任了蒙牛集团总裁，牛根生自己则坐上了董事长的位置。

上任伊始，曾有人问杨文俊，作为总裁，将怎样与牛根生配合管理蒙牛集团，杨文俊说道：“假如说消费者需要一个蒙牛的形象代表，那就是牛根生。牛总需要做一些对外的工作，他做那些事情的时候，家里面就需要一个真正管运营的人，这是基础，我就是要把这个基础做好。”

杨文俊是这样说的，也是这么做的。刚一上任，他就请来著名的埃森哲管理咨询公司专门对蒙牛的生产流程进行优化，使生产率几乎提高了一倍。同时，为了抓紧实施蒙牛的国际化战略，杨文俊多管齐下，他先组织人员到外国参观学习，同时，他还在集团内部专门成立了海外推进部，加快了蒙牛产品出口的步伐。经过他的轮番密集式突围，如今，蒙牛的产品已经跻身亚洲其他国家及欧洲市场，提前实现了蒙牛的国际化战略。而公司战略的成功也极大地提高了蒙牛员工的收入水平。根据数据统计，在不到两年的时间里，蒙牛员工的年收入几乎翻了一番。

与这些光环形成鲜明对比的是，杨文俊为人低调，从不张扬，在集团的很多决策问题上，他也从来不忘征求一下董事长牛根生的意见。因此，蒙牛员工对于这位新总裁的印象始终不及他的前任那样深刻，而外界提起蒙牛，很多时候只知道有个牛根生，而不知道有个杨文俊。

由此可见，好的中层领导一定是才华横溢、能力卓越的，但是，他们为什么能够安心地帮助上司，而没有轻慢之心呢？因为他们深知自己扮演的是上司的助手角色。聪明的中层领导应该明白，恃才傲上的危害是无穷的，首先，不利于工作的开展。当不团结、不协调的状况发生时，上司往往会因对你印象不佳而将责任归罪于恃才傲上的你。其次，对个人的发展极为不利。中层领导傲上的表现会使上司觉得他的尊严受到极大伤害，因而对你不满。所以恃才傲上的中层领导纵有运筹帷幄、经天纬地之才，也很难有用武之地。

一般来讲，凡是能够成功的人必然有他的过人之处，但是并不是每一个有才能的人都能够成功。只有敬上、尊上、助上的中层领导，才会有优势，也才有机会活跃在事业成功的大舞台上。

五、关键时刻要有露一手的勇气

在日常管理工作中，我们在一些关键节点上难免会碰到棘手的难题，如果在其他同事都束手无策的时候，你却挺身而出，使问题迎刃而解，那么，不仅你的同事会佩服你，你的领导更会高看你一等。正所谓“疾风知劲草，烈火见真金”，在关键时刻上司才会真切地认识与了解下属。当上司在某项工作陷入困境时，作为下属的你若能挺身而出，定会让上司对你另眼相看。

安德烈·卡耐基是美国宾夕法尼亚州一座停车场的电信技工。一天早上，调车场的线路因为偶发事故陷于混乱。

此时，他的上司还没上班，该怎么办？他并没有“当列车的通行受到阻碍时，应立即处理引起的混乱”这种权力。如果他胆大包天地发出命令，轻则可能卷铺盖走人，重则可能锒铛入狱。

一般人可能会说：“这并不干我的事，何必自惹麻烦？”可是卡耐基并未袖手旁观。

当上司来到办公室时，线路已经整理得同从来没有发生过事故一般。这个见机行事的青年，因为露了漂亮的这一手，大受上司的称赞。

公司总裁听了报告，立即调他到总公司，升他数级，并委以重任。

卡耐基事后回忆说：“初进公司的青年职员，能够跟决策阶层的大人物有私人接触，成功的战争就算是打胜了一半——当你做出分外的事，而且战果辉煌，不被破格提拔，那才是怪事！”

智者千虑，必有一失；愚者千虑，必有一得。当你发现决议有问题，若按此办将来可能出大娄子时，就应该鼓足勇气提出来。要知道，你可能穷尽毕生努力也不会得到别人的赏识，而抓住这一机会，就可能把你的能力和价值展现给同事和上司。

请务必谨记：看准了就说。如果在关键时刻你还想“我说出来大家会难堪的”，那么说明你是一个注定没有什么作为的人。

我们常常会遇到一些在才识、经验、能力等各方面比我们高出一筹的人，在这种情况下，往往会因为自己不如人而对对方产生一种心理上的畏惧感，从而自信心便大打折扣。如果一个人连自信都失去了，那么他要想得到成功，恐怕只能是幻想。一个人不论处于什么环境之下，只要不丢失自信，就会有成功的希望。

不自信的表现有许多种，如看到一个在各方面都比自己强的人，既想上前去接近对方，又怕对方会拒绝自己；既想在他人面前表述自己的观点，又怕表述不当而被他人耻笑；既想加入别人的谈论中，又怕别人对自己的话不在意乃至讨厌等，所以最终只好自己寻找个孤独的角落，甘受冷落了。其实你完全可以将头脑里莫名的顾虑都抛开，大大方方地想如何说就如何说，想如何干就如何干，只要你做得合理，那么你自然会受到大家的欢迎。

对此有几个窍门和规律与你共享：

1. 要实干，但也要适时表现

所谓适时，一是要找到恰当的事情动脑筋；二是要在显山露水时不要过于扎眼，以免招受众人谴责而树立敌手。

2. 显能耐不宜过频、过多

天天都干出格的事，人们再也不会觉得你有什么稀奇之处。如果你能做到适时地露出那么一点点新鲜的才华，则人们总会对你抱有希望。

3. 干不了的不要硬上

如果认为关键时刻有把握解决好难题，要毫不犹豫地承担下来。如果认为自己把握不大，也不要打肿脸充胖子，不要硬着头皮硬上，如果是上司安排的，要向他说明自己的难处，有时候推辞的代价并不比失败的代价大，而且这样做也可以把机会让给能干的人。

六、主动创新引起上司的重视

作为中层管理者来说，认真贯彻上司的决定是必须做到的，如果在此基础上能够做到创造性地开展工作就更好。一般来说，上司交代工作，只讲清原则要求，但具体落实还要中层领导积极发挥创造精神，这样才能圆满完成工作任务。正如石油大王约翰·洛克菲勒说："如果你要成功，你应该朝新的道路前进，不要踏上已被成功人士踩烂的道路。"也就是说，如果一位中层领导希望被上司看重，引起上司的注意，就要主动创新，而不是跟在别人的后面。一个优秀的组织，也必然需要一批主动创新的中层领导者。很多国内外优秀企业之所以能有今天的成就，与拥有一批勇于创新的业务骨干是分不开的。

当然，此处讲的创新，主要包含三层意思：一是前人没有做过的，我们做了叫创新；二是别人虽然做过了，但我们结合自身实际又有所发展、有所提高叫创新；三是过去自己虽然已经做过了，但结合新时期新要求又有新发展也叫创新。由此，我们可以这样认为，创新就是创造和革新的统一。

纽约市区的一栋摩天大厦因为楼层太高，电梯少运力不够，这让许多等电梯的人极为不耐烦，他们每次在等电梯时都狂按按钮，电梯的按钮也因此而被经常损坏。

物业公司为此伤透了脑筋，不得不在电梯旁贴出告示，请乘客不要这样做，但是收效甚微。这时，物业公司一个新来的主管想出了一个解决办法，就是在电梯旁边装一面镜子。由于镜子会使客人清晰地看到自己着急的模样，那些平时狂按按钮举止粗鲁的人，一站在镜子前就变得绅士、淑女起来了，耐心等待电梯。

从上面这个故事中，我们得到的启示是：第一，最好的中层领导必然是具有魄力的领导，面对公司的弊端，面对创新的阻力，他不会逃避，而是想办法来解决。第二，创新、革新，是要有针对性和可行性的，不能大而空，这样将不利于贯彻执行。第三，创新、革新不能过于激进、急于求成，也就是说宜缓不宜急，就像一列行驶中的火车，急转弯的后果很可能就是翻车。第四，要对自己的革新对象有足够的耐心，不要急躁，给其充分的接受时间。只要是好的创新产物，就一定会被大家所接受和认可的。

综上所述，中层领导要想获得职业上的发展就务必得有创新精神，但这种创新不能是空穴来风，要中层领导实事求是地根据单位需要来进行，既不能逃避责任，也不能盲目改革。最好的中层领导是主动创新的中层领导，他们善于在创新中找到发展的契机，为自己，更为单位，带来最大的成功。

七、肯做别人不愿意做的“苦差事”

优秀者之所以优秀，就在于他们能做别人不愿做的事，能做别人做不到的事；而一般人之所以难以脱颖而出，也是由于他们没有挑战自己的勇气，走不出这看似简单的一步。在日常管理工作中，有些事是每个人都不想做的“讨厌的工作”，大家对这样的“苦差事”唯恐避之不及。

在这种情况下，作为中层领导的你，是否考虑过如果你主动去做这些没有人愿意做的工作会如何呢？这不但能赢得同事的尊敬，更能够得到上司的认同和赏识，有时候甚至还会让上司对你心存感激：“多亏了你帮忙！”

这是你展露才能、勇气和责任心的大好机会。有时候，即使你有这一份心，也未必有这样的差事让你做。所以，碰到这样自我表现的机会，绝不要有一丝一毫的勉强，要心存感激才对。当然，这样做需要有相应的心理准备，因为这类工作大都是非常辛苦而且吃力不讨好的，即使你付出了全部的努力，也不一定能达到效果。

事实上，这类工作往往比那些表面看起来华丽动人的工作更能激发人的斗志进而使之产生兴趣。能够从这样的工作中找到乐趣的人，大多是能够得到上司赏识的人。他们从不抱怨，而且并不在乎别人怎么看、怎么说，甚至对什么时候才能得到他人的认同也不在意。因为他们坚信只要付出肯定有回报，而且付出与回报是成正比的。

当然，人生谁也难免会碰到徒劳无功的情形。然而，“塞翁失马，焉知非福”。人生路途是很漫长的，从眼前来看或许所有的努力都是徒劳无功的，甚至是“瞎忙活”，但日后说不定就会有意外的收获。相反，眼前看起来很光鲜的事，或许很快就褪色而变成了食之无味、弃之可惜的“鸡肋”。

所以说，如果你认为做别人不愿做的事就会吃亏，因而与其他人一样排斥这个工作，那你就和其他人一样，永远也不可能脱颖而出。如果你能够主动接受别人不愿意做的工作，并能够从中体会到无穷的乐趣，你就能够克服困难，达到他人所无法达到的境界，获得他人得不到的丰厚回报——上司的信任和重用。

第十三章 处理好与上司的矛盾和分歧

杰勒德·尼尔伦柏格曾说过："一场成功的谈判，每一方都是胜者。"向上司提出要求，实际上也是一种谈判。因此，作为下属就必须在维护自己利益的同时充分兼顾上司的需要和处境，这样才能使自己向上司提出的要求得到满足，取得自己想要的结果。

一、及时主动地消除和上司的误解

做人难，做别人的下属更难，做几个人的下属则是难上加难。有时我们往往不经意间得罪了某位上司，而自己却浑然不知，等到弄明白是某位上司误解了我们的时候为时已晚。

中层领导最怕上司对自己产生误解，因为上司的误解不但会让自己内心感到委屈，而且还"有冤无处申"。另外，如果上司对你产生了严重的误解，那么上下级之间的关系将会因此受到影响，你以后的工作将极难开展。

因此，当你被夹在两位上司中间的时候，你一定要时刻注意自己的言行，千万不要让其中任何一位对自己产生误解。如果你一时不慎被哪位上司误解了，你应该及时想办法补救，争取尽早化解上司对自己的误解。

在四年前，王磊还是基层车间的一名工人时，李部长见王磊文笔不错，便顶着压力提拔王磊进宣传部当了宣传干事。从此，王磊对李部长的知遇之恩一直铭记在心。由于王磊工作出色，两年后他被抽到厂办当秘书，成了厂办主任的下属，精明能干的王磊很快就得到了厂办主任的重用。

一个下雨天，王磊赶着给厂办主任送伞，却没有看见在不远处淋雨的李部长。李部长以为王磊是故意不理自己的，所以对王磊产生了不满情绪，误解从此就开始了。李部长在许多场合都说自己看错了人。直到李部长说的那些话传到王磊耳朵里，他才感到事情的严重性。

为了化解李部长的误会，王磊马上采取了行动。王磊每次遇到李部长总是主动和他打招呼，不管李部长理还是不理，他脸上总是挂着微笑。有时因工作需要和李部长同在一桌招待客人，王磊除了主动向李部长敬酒，还公开说自己是李部长一手培养起来的，自己十分感激他。王磊此举的目的是表白自己时刻没有忘记李部长的提携恩情，又怎会是忘恩负义之人？王磊深知当面说别人好不如背地褒扬别人效果好。于是，他经常在背地里对别人说起李部长对自己的知遇之恩，自己又是如何如何感激李部长。在王磊的一再努力下，李部长对王磊的态度又恢复到以前了。

可见，上司对下属的误解有其主观上的原因，更有客观上沟通不足的原因。上司事务繁多、责任重大，他可能通过各种渠道，如人事档案、他人的汇报、一时的印象、特殊的考验而对你有所了解，但一般而言，他不会主动去找自己的下属进行沟通，这样，他便缺乏对你全面、直接和感性的认识，容易受他人意见的左右和本人主观判断的影响，从而对你的言行产生误解。

下属对待上司的误解，最聪明的做法就是及时、主动地去消除它，不让它成为定型之见。否则好的机会就会与你擦肩而过，让你悔之晚矣。

具体来说，消除上司的误会有如下四个方法。

方法一：摆正心态，换位思考。

如果误解你的是新上司，那说明你们的磨合还不够好，双方还不适应。所以，不要以为新上司的一些不同做法是找麻烦，也不要认为新上司对工作的否认是对你本人的不认可，多想想上司这么做的目的，努力按上司的要求去做，时间久了，也会与新上司形成默契。

方法二：坦然面对误解，争取理解。

如果上司对你有先入为主的误解，那么，此时你的解释是没有用的，在工作中，他难免会用有色眼镜来看你，误解也许会越来越深，你要想一时半会儿来解除这种误解是不可能的，在这种情况，没什么最佳办法，只要记住一点就可以，那就是不做违背自己良心与心愿的事就可以了，很多事情不用去解释。

方法三：对工作尽力而为。

职场上的人际关系是复杂的，谁也不可能左右逢源，做到面面俱到，有的时候得罪人也是很无奈的，在工作中尽力而为，做好自己的本职工作就可以了。

另外，对工作不要抱怨，无论上司安排你做什么，只要是工作没有超越基本的法律与道德的界限，你都不要挑剔，都应该认真地去做，并尽力取得好的结果，即使再苦再累，加班加点也要干出来。

方法四：变压力为动力。

最好的办法是变压力为动力，把上司对你工作的挑剔当作改进工作的动力，做出成绩来给他看看，给大家看看。不管上司如何，业绩永远不会背叛你，哪怕最后不得已离职，业绩也会成为你找到新东家的敲门砖。

二、正确处理上司对你的成见

职场中，总会有一些不可控因素，正是这种不可控的因素导致了工作上的一些失误。尽管你已经很努力了，但是领导不看过程，只注重结果。于是领导对你产生了成见，碰到这样的情况怎么办？

很多员工，都会觉得不是自己的问题，和领导摆事实、讲道理，可惜一旦领导有了成见，就很难马上释怀。严重起来，甚至会和领导吵上一架，然后自己离职走人。

其实，即使我们想要离开，也要用成绩来证明自己后，堂堂正正地走。况且也没必要走。当我们用努力、能力、成绩来改变领导对自己的成见后，也许大雨过后，又是一个晴朗的天。

所以，以后如果遇到上司对你有成见，你应该这么面对：

1. 扪心自问找原因

成见不是一朝一夕产生的，也不是平白无故就有的。对人有成见，往往也不是对各个方面都看不惯，通常只是某个方面，或在能力上，或在工作态度上，或在生活作风上等。一旦发觉上司对你有成见，首先你就要扪心自问：那到底是什么成见？他为什么会对你有成见？然后再考虑相应的对策。如果那种成见对你无关紧要，也就不要放在心里，即使对你有较大的影响，也不要烦恼和急躁，而要积极想办法去化解。

上司对你有成见一定要反思是否与自己的某些言行有关系，特别是与上司和你最初的接触中留下了不好的第一印象密切相关。如果自己确实也有责任，那么，要消除上司的成见，就要先从克服自己的不足入手。

2. 缄口不语勿张扬

上司到底对自己有没有成见，这是一个很难说清的问题，只能凭感觉，要拿出证据来比较困难。

因此，你发觉上司对你有成见后，不要声张。本来，上司对你有成见，只是你个人的感觉，别人不一定知道，如果你一张扬，别人就都知道了，有些人说不定还会幸灾乐祸。你到处张扬，一旦上司知道，他自然恼火，很有可能成见更深。如果不是特别大的成见，你不妨缄口不语，用沉默对待，时间一长，上司对你的成见说不定就慢慢消除了。

3. 我行我素，难得糊涂

郑板桥的“难得糊涂”，如果运用恰当的话，实在是为人处世方面的一个重要策略。有些人处境尴尬，与上司相处不融洽，并不是水平不高或能力不强，而是自己太聪明，什么事都明明白白，“聪明反被聪明误”。

上司对你有成见，如果不会对你的前途有多大影响，或者只是轻微的，那就不妨我行我素。你当作不知道，当作没成见，以前怎样现在依然怎样，爱下棋就继续下棋，爱开玩笑就照样开开玩笑，不用刻意去奉承迎合。有些事情，你不在意，人家也就无所谓；你越是在意，人家也就真把它当作一回事了。

4. 关键时候显本色

成见的形成有一个过程，要让上司抛掉成见不是很容易的事，但也不是说无计可施了。最好的办法就是抓住适当的机会，在关键时刻露一手，以一种全新的姿态，让大家和上司刮目相看，从而明白你到底是怎样一个人。比如上司一直以为你做事不够尽心，马虎粗糙，纰漏较多，原因是你曾经做过一件不够细心的事。

张瑞是某公司总经理办公室的行政人员，平时她很少露出锋芒，老板对她也不怎么器重，但张瑞却在不声不响之中积蓄能量，等待时机。一日，总经理与外商谈判，张瑞担任记录员。在谈判过程中，公司临时请来的外语学院的大学生对一些专业术语不熟悉，以致谈判陷入僵局，总经理十分着急。这时，担任记录的张瑞站了出来，毛遂自荐地对总经理说："总经理，能让我试试吗？"总经理有些诧异，可是在这关键时刻有人敢站出来救急，自然求之不得，谈判继续进行。在整个谈判过程中，张瑞将口才和外语水平发挥得淋漓尽致，很自然地，双方谈判达成了共识，协议圆满完成。事后，总经理十分感慨，想不到人才就在自己身边啊。没多久，张瑞就被总经理提拔为总经理秘书。

5. 悄无声息走为上

你发觉上司确实对你有成见，而且根深蒂固，一时又不可能改变。这种成见，如果影响了你的事业发展，制约着你的前途，你可以考虑离开，到别处去发展。

在准备离开时，不要抱怨，不要声张，不要到处说因为上司的成见所以才决定离开的，更不要和上司大吵一场后再愤然离去。假如这样，那是很不理智的，既会在原单位造成不好的影响，以后到新单位也不利。弄得不好，还会使你陷入既走不脱又留不下的僵局。要有一种宽大的胸怀、豁达的气度，平静地告诉同事和上司，自己想到别处去试试，面带微笑地离开和告别。

三、处理与上司分歧的技巧

同一件事，由于人们的世界观、立场、经历、利益等的不同，看法也会各不相同。因此在工作中，中层领导与上司发生意见分歧是最平常不过的事情了。上下级之间意见分歧的处理是一门艺术，需要中层领导具备一定的智慧和技巧。

邓辉是北京某制药公司的高级技术专家，他在该行业已经工作了十多年了，有着非常丰富的工作经验。一次，他们公司准备斥巨资开发一种新型的药品，此计划在会上公示后，邓辉就觉得不妥，他根据自己以往对市场的了解和现在药品市场的行情，认为目前市场上同类的药品有数百种之多，已经处于饱和的状态。

作为新产品的技术专家，邓辉觉得自己责无旁贷，他及时地向上司讲明了自己的意见，但上司却不认同他的观点，坚持认为这个项目还有利可图。邓辉看到公司里为这个新项目的开展忙个不停，而企业却还处在亏损的状态，常常急得上火。他这时面临着一个两难的境地：上司决定着自己的工作职位和收入高低，而生意的成功与否与他的利益也息息相关。如果他的意见得到上司的认同，处理得好，避免了公司的损失，就会受到上司的赏识；如果继续就这件事跟上司争论，得罪了上司，处理不好，可能就会丢掉许多利益，甚至既有的饭碗。

邓辉与上司的意见发生了分歧，该如何处理这件事情呢？其实，这就是我们开头提出的疑问：当和上司的意见发生了分歧，该怎么办？

1. 当面提出不同意见

当中层领导与上司有分歧时，最忌讳的就是当面把意见掩藏起来，却在背后发牢骚、表不满。“当面不说，背后乱说；会上不说，会后乱说”，历来为人们所深恶痛绝。

背后谈论你与上司的分歧，无助于问题的解决。因为你是通过非正式途径来表达和传播你的意见，它不能完整、准确地将你的意思输送到上司那里，你也不能与上司进行互动式的交流，因此，你也很难通过各种说服手段来打动上司，促成问题的解决。背后非议上司的方案，容易让上司怀疑，他可能视你为领导面前一套、领导背后一套的人，心下便有了不满和防范，这对作为下属的你是极为不利的。

所以，作为中层领导，对上司做出的某些决定、结论持有异议，你应该当面提出来，一方面帮助上司掌握真实情况、权衡利弊，从而维护单位利益和工作大局；另一方面，也有利于与上司交流信息和思想，从而找到一种更为周全的方案，弥合分歧。

然而，当面向上司提出意见是需要技巧的，最重要的是要防止上司的猜疑，使他感到你的忠心以及对上司、对工作负责的态度。

（1）私下进言。在公开场合与上司表示分歧，这无疑会被上司认为是对他本人的不尊重，甚至是对他的权威和领导地位的挑战，因而效果不会好。而且，有些话是不宜在公共场合敞开来谈的，私下交流更容易有实质性的沟通和深入的进展。

（2）选准时机。下属选择的进言时机，应该是对论证自己的意见最为有利的时候，只有这样你才更能说服上司，影响他的决策。当一项决策已正式公布并准备付诸实施时，你该如何选择时机去表达异议呢？正确的方法是：先等待、观察一阵子，然后再根据实践中的问题，选择典型事例，以促使上司修正原有决策或做出新的决策。我们之所以要等待、观望，是因为当决策已公布并已着手实施时，各种人、财、物都做了一定的动员和准备，对上司来说，此时接受反对意见，就等于泄众人之气、扫自己之威，因而他是很难改变自己的立场的。相反，他对你的进言会持一种否定态度，把你视作执行决策的阻力。而当事态发展到一定阶段，问题已经暴露时，选择一两个具有代表性的负面材料，就会引起上司的注意和深思。

（3）注意分寸和方法。进言的基本原则是只针对工作不针对人。要达到的客观效果是让上司觉得你是诚恳而善意的，而绝不是反对他、拆他的台，是以事实为依据的。

2. 服从上司，态度积极

一旦上司决心已下，并做出了明确的指示和相应的部署，下属在提意见的同时，则必须以积极的态度去贯彻执行。道理很简单，因为上司掌握着决策权，并且由他来承担相应的责任，而服从领导是每一个下属应尽的职责和义务。试想，当你提出异议时，上司就已对你的立场、动机和态度有所怀疑，而你在行动上又持一种消极态度，这不是明显地表示你对上司的不支持、不尊重吗？所以有头脑的下属都懂得，即使是自己持有保留意见，但对于上司已做出的决定不仅要坚决服从，还要积极执行。要知道，上司此时此刻正关注着你的一言一行呢！

四、和上司换位思考有利于化解矛盾

跟上司相处的时候，要学会换位思考。常言道：人非圣贤，孰能无过。所以当跟别人有矛盾的时候，或者是有摩擦的时候，要学会站在对方的角度去思考问题。每个人思考问题的角度跟出发点是不同的，所以学会换位思考，也许你们之间就会少了些争执，多了些和谐。

所以，当你和上司之间有了矛盾，就一定要学会换位思考，多站在上司的角度看问题，才能更清楚地了解上司。由于角度不同，下属的思考方式和上司是不同的，假如你是公司的经理，下班回家时看见办公室楼里的灯没有关，你会折回去关灯吗？你可能会也可能不会，关了是你的人情，不关是你的本分，因为这不是你的职责所在。但老板就不同，他肯定会折回去关，每天的消耗都要计入成本，减少了成本，也就是增加收入，成本是自己的成本，收入是自己的收入。经理只想到第一步，老板却永远想到第二步。

也许这就是角度决定高度的道理，因此，积极进行换位思考才是做下属的实现自身价值的关键所在。

所以，工作中和上司产生矛盾或意见分歧时，不妨站在上司的角度考虑一下，上司每天有很多重要的事情要处理，其中很多都是麻烦的事情，这不免会影响他的情绪和判断力。所以，当上司心情不好或指令错误时，要学会巧妙地说出上司的错误，相信明智的上司一定会接受的，因为大家都是为了公司的发展走到一起的。所以，下属要学会宽容，学会体谅，这样上下级的关系才会更加融洽。

在人与人相处中，只有弥补“合法的偏见”，才能够使人看到原来看不到而实际又存在的客观事物。我们常说“推己及人”，就是站在别人的角度思考自己的言行。由于客观条件的限制，许多事情我们不可能样样都去经历和体验，但是上下级之间、人与人之间能互换一下位置，设身处地站在对方的角度为对方想一想，也许就会发现原来没有想到和发现的问题。比如面对领导者与被领导者工作之间的矛盾、同事生活交往中的矛盾，相互之间能够互换位置，站在对方的立场或位置仔细想一想，心中的郁闷与芥蒂就会烟消云散。由此可见，学会换位思考，对于化解矛盾、寻求共识、增进了解，改善人际关系是大有益处的。

五、及早发现上司对你“失信”的信号

我们都想得到上司的赏识，我们努力地工作，尽力表现自己的能力，往往不会去想自己会“失信”。有时虽然隐约感觉到最近上司有一些不寻

常的举动，但没有想太多，照常做事，以致产生后来自己都觉得愚蠢的行为。

王辉是中关村一家科技公司的项目主管，年初开始全权负责外地一个软件开发项目。上个月，上司派了一个负责其他项目的同事来，说协助他的工作。这个同事是和王辉同时进公司的，他来后不但与王辉一起参加与客户的会议，还商量这个项目的工作计划。王辉感到不可思议，而且十分恼怒，当着下属的面厉声质问他为什么插手自己的项目。第二天，人事经理找王辉谈话说，王辉的上司本来很犹豫，发生昨天的事后，就拿定了主意，正式通知人力资源部解雇了王辉。

所以，作为中层领导，你应该时时警觉“失信”的信号，对形势的变化及时做出反应，调整自己的言行，对可能发生的事情有一个心理准备。

总结起来，中层领导在日常工作中要注意如下几种现象：

1. 不再让你参加例行的会议

有一些会议原来你都参加，可是有一天突然上司交代下来，这些会议中的一些你可以不必参加了，也没有说出什么理由，这其实是最明显的一个征兆，让你自动退出。

2. 找别人讨论你的业务和工作

在你的工作范围内的事情，上司开始不断让其他人来插手，有时甚至不来找你了。这意味着在他心目中的组织表里，你已经被除名了，所以他不必再来找你啰唆，因为你很快就会不见了，找你还不如找你的下属或将来要顶替你的人来得实际和有效果。如召集你的下属开会，开始这样做的时候，他可能会先通知你一下，但是这样的事情多次发生后，他就会不再通知你了，也不再找什么理由或向你做出解释。上司如此不外乎有三种原因：第一，让你的下属直接接受他控制和领导，于是你便被架空；第二，利用开会和指挥你的下属的机会，削弱你的影响力和实力；第三，在开会时挖掘你的“隐私”，以便开除你时有足够的理由和更多不利于你的理由。

3. 莫名其妙地被安排出差

如果上司突然安排你出差，而又不是很有必要，不但不合理也不合人情，说不定是你“失信”的征兆。此时安排你出差，就是为了在处理你的业务、人员时减少阻力和顾忌。

4. 让你重新建立制度，并将你的工作详细建档

或许公司原本就没有制度，工作也没有什么规则可寻。如果你的上司一下子特别热心，要你建立制度、档案，甚至问你：“如果你不在，公司部门应该如何作业？”他的要求并非说说而已，而是认真的。他这样做的时候通常会找一大堆理由，其实你稍微仔细分辨，就会明了。如果上司突然招聘人来做你的副手，当然他可能会解释说：“你工作太忙，需要人来帮你，这些人进来你就不必那么辛苦了。”而对你来说，宁愿累一些也不希望有一堆不受自己管辖的“阻手”来帮自己解决问题。

5. 谈到奖励时没有任何表示

任何公司都有一套奖励模式和制度，不论这套奖励制度是成文或不成文的，至少大家知道什么时候该奖励了，什么时候该惩戒了。当你发现你明显应该被奖励时没有被奖励，甚至有时候你犯了错误，上司也不像往日一样批评你了，似乎你的一切他都不再关心，这显然不是什么好兆头。

6. 犯小错误遭到大惩罚

有时你在工作中也会犯错误，但是这种错误比较小，如果发生在别人的身上，上司可能三言两语就化解了，而这种错误发生在你身上时，他却要“当一回事”，这肯定不会是对你格外照顾的表示，它同样是“失信”的征兆。

一旦发生了上述情况，中层领导切不可不在乎，否则就会发展到不可收拾的地步。应当分析原因，找出问题的症结，以便及时加以解决。如果是因为自己工作不好，就要努力改进工作，把工作做得漂亮些；如果是因为别人挑拨，背后说自己的坏话，则应向上司说明，消除误解。

第十四章　赢得同事的信任和好感

奥地利著名心理学家艾德勒在《哪一种生活对你有意义》中指出：正是不关心别人的人，在生活中遇到的困难最大，给别人造成的伤害也最大，正是这种人导致了人类的种种失败。人际交往的成效如何，关键在于能否获得同事的信任和好感，这与一个人的思维方式有直接关系。人在职场中，同事之间既是一种协作关系，又是一种竞争关系，如果失去了同事的信任和好感，你将陷入孤立境地。

一、不要成为“独行侠”

在职场打拼，每个人的能力各不相同，创造的价值也有高有低，有人滥竽充数混日子；也有人功高震主让领导没地方搁；但还有那么一种人，他们自己能力很强，但在职场的地位却差强人意，经常累得半死，结果还吃力不讨好，那么这是为什么？

张超是个时尚的年轻人，喜欢重金属音乐，有点小资情调。毕业后，他进入一家日化公司从事销售工作，凭着机灵和良好的口才，他的销售业绩相当不错。

可是张超觉得有点孤独，他觉得同事不是“老古板”就是没内涵，因此他在公司里几乎没有什么朋友。公司有集体活动张超也很少参加，当起了“独行侠”，同事拉他去KTV，他说他对“口水歌”不感兴趣；公司举办舞会，他说那是群魔乱舞，自己可不想被体重超标的女同事踩痛脚趾……总之，公司的活动他是能躲就躲，去了也只是意兴阑珊地待一会儿赶快就走。同事们都说："看来是我们格调太低，不配和人家来往。"领导对他也颇有微词。

一年后，他这一批进公司的除了他和几个业绩差的员工之外普遍都获得了提升。他愤愤不平地去找领导，问为什么自己业绩好而不被任用。

领导淡淡地看了他一眼："这要问你自己吧！你真的把自己当成团队中的一员了吗？在公司里你有关系不错的同事吗？即使我提升了你，谁又肯听你的？"

张超不重视搞好公司内部的人际关系，缺乏团队精神，结果成了公司的特殊分子，无法获得大家的认可。

在公司这个大家庭里，最让领导头疼的人，就是那些虽然能力很强，但却总喜欢单独行动、特立独行的"独行侠"。这种人是卓越的干将，他们很会办事、很机灵，但总想独自解决所有的问题，从不需要别人的帮助，十分害怕别人分享自己的劳动成果。

钱勇是北京某合资公司的业务销售，他有着优秀的业务素质，口才好、应变力强。他的销售技能和业务水平在同行中都是独树一帜的，可以说相当有水平，每季度考核，他的业绩在公司里是最好的。时间长了，钱勇就自满了起来，便开始听不进意见，对别人指手画脚了，尤其是动不动就指责那些售后服务人员。

本来售后服务人员是非常支持钱勇工作的，凡是他的客户打来的电话，售后服务人员都会优先去解决，尽量不让售后服务牵扯他过多的精力！让他可以放手去做业务，多为公司创造效益。可是后来，钱勇动不动就讥讽售后服务人员说"是我给的你们饭碗，没有我你们都要饿死"；很多次，他在给客户推销的时候，由于夸大了设备的功能，客户在使用后没达到预期的效果，客户申请售后服务后，钱勇就会说是售后人员服务不好或是技术不好，让客户不满意，等等。做售后服务的同事与他越来越疏远，甚至对他的售后单子唯恐避之不及。

由于后续服务不到位，严重影响了钱勇的续单率，老客户慢慢流失，他的业绩下滑也越来越严重。

永远记住，这个世界离了谁都得转，如果你不能融入团队，将你的所长贡献出来，总是按照自己的轨迹去行动，那么脱离了群体的你，将孤掌难鸣。

一个人缘极差的人是无法在公司生存和发展的。即使你和上司有特殊的关系，但如果不能与同事很好地相处，也很难在公司立足。所以，不管你有没有背景，想在职场中生存发展，就必须在公司内培养好人缘，想办法与众人增进关系。这样，你才能获得其他团队成员的接纳和支持，在工作中紧密合作，共同把团队的事情办好。

二、给同事面子就是给自己留退路

《圣经·马太福音》中有句话：“你希望别人怎样对待你，你就应该怎样对待别人。”这句话被大多数西方人视作工作中待人接物的“黄金准则”。

在与人交往的过程中，要学会给他人留面子，不要把话说死、说绝，说得自己毫无退路可走。

在一次生产会议上，一位公司的产品质量总监，曾就某个材料的质量问题，当着会议上众人的面厉声质问质检主管。这本来并不是非常严重的事情，但是他的语调以及态度带有攻击性，言辞也苛刻。事实上这位总监只是想提醒质检主管在工作中要更为认真和负责。

这名质检主管实践经验和管理经验非常丰富，特别负责任，平时在公司中也是出了名的好脾气，但是这次他感到自己特别委屈、很丢面子，竟然和这名总监当场吵了起来。两个人在会议上闹得很僵，最后这件事在尴尬中不了了之。

在这次事情之后，这名经验丰富的质检主管工作经常表现得不积极，两个月后离开了公司，去了另外一家同类公司。

本来一个简单的工作沟通，就是因为当事人言辞不当，不仅给自己带来了尴尬，也给公司造成了损失。

通过这个事例我们看到，人人都有自尊心和虚荣感，甚至连乞丐都不愿受嗟来之食，因为太伤自尊、太没面子，更何况是同事之间。作为中层领导更应该胸怀坦荡，说话办事多给同事留面子，只有给他人留面子才会使自己受到尊重。纵使别人犯错，而我们是对的，也要宽恕别人，不要让其在众人面前出丑，一定要为其保留面子。

保留他人的面子，这是十分重要的事情。可是，很多中层领导却忽视了这个问题，常喜欢摆架子、我行我素、挑剔，在众人面前指责同事或下属，而没有考虑是否伤了别人的自尊心。其实，只要多考虑几分钟，讲几句关心的话，为他人设身处地想一下，就可以缓和许多不愉快的事情。对于聪明的人来说，不管同事怎样冒犯你，或者你们之间产生了什么矛盾，都要有“得饶人处且饶人”的心态。凡事能够忍让一点，日后你有什么行差踏错，同事也不会做得太过分，致使你十分被动。

三、主动示弱，向同事“拜师学招”

有些人认为，同事是自己在公司里的竞争对手，是职场上互有戒心的同行者，是对外保持一致而对内各怀心事的搭档，唯独不是值得信赖和学习的伙伴及可以推心置腹的知己。如果别的同事也这样认为的话，那么在职场中你就不会有和谐、舒心的感受，有的只是怀疑、不安、紧张和愤懑的情绪。其实，“三人行，必有我师”，同事就是你身边最好的老师，也是让工作变得美好的关键人物。你为何不能放低姿态，将同事视为“良师益友”呢？

向同事“拜师学招”的意义其实是聪明、适度的示弱，这样容易使得相互戒备和趋于紧张的同事关系得到缓和。逞强争胜在职场中已司空见惯，主动地示弱更容易得到别人的好感。一旦同事给你支着儿，友谊的花朵就会在不知不觉间盛开，彼此之间一种惺惺相惜的轻松氛围也会形成，你们之间的关系也会有意想不到的改善。

向同事学招，看看他们遇到难以解决的问题时是怎样化险为夷、拨云见日的，这样还可以帮你提高自身的能力，何乐而不为呢？你可以找一找同事的优点，然后对他说：“我要拜你为师，请多多指教。”如果你这样去做了，你会发现，同事并不像你以前所认为的那样“面目可憎”。

在公司里，要想做事少碰钉子、少失误，最聪明的办法也是多参考同事的意见，因为这些意见常常是他们付出代价换来的经验之谈。

比如，江珊在一家公司市场营销部做主管工作，工作了一段时间后，她感觉到工作很不顺畅，为什么？公司连着四个月的业绩评比表中，江珊都在同事萧萧之下，屈居第二，她很不服气。她觉得自己功夫下得不比萧萧少，怎么可能落在她后面呢？好胜心强的江珊决定与萧萧一拼高低。

于是，江珊想方设法冒险去挖她的客源。萧萧知道此事后非常恼火，当面指责江珊“恶性竞争”“挖别人的墙脚”，并对她提出严重警告。因此两人的关系闹得很僵。

两人唇枪舌剑后江珊经过反思，认识到自己的做法确实有欠磊落，决定向萧萧道歉。问题一想通，江珊的心头轻松多了，她特意邀请萧萧去健身，向她表示歉意并诚恳地请教一些问题。这次倒是萧萧不好意思了，她说：“以前我对你的态度有些过分，请多谅解。”并讲了一些自己做营销的心得：“其实也没什么，只不过是我看书多、上网多、领悟快，进步大一些罢了。做营销，发展新客户是一条路，而盘活老客户更重要。如果老客户感觉到你的诚信和友善、你的信誉和热情，他可能就会把他的亲朋好友介绍给你，成为你的新客户。我特别准备了一个笔记本，记录客户的特殊情况，以便在细微处做文章。比如出差时顺便看望客户刚刚考入该地大学的孩子；在特殊的日子里，替当日有重要会议的人送一束鲜花给他的家人……我从不以为这是工作以外的琐事，相反，干这些工作就要有‘工夫在诗外’的精神。我为每位老客户都设立了生日档案，他们过生日时，我会亲自做一张精致的贺卡，并配上小礼物邮寄给他们，很多客户收到时都深受感动，特地打电话表示感谢……”

江珊听了这些恍然大悟，原来如此。在以后的工作中，她也用起了这些招，果然业绩迅速攀升，与萧萧旗鼓相当了。更为可喜的是，她与萧萧相互学习，相互提升，成了好朋友。

这就是向同事“拜师学招”的好处，不但能让你在迷途中找到方向，更快地前进，还能改善人际关系，工作起来更加舒心快乐。

四、行为低调的人更受欢迎

“如何才能做好生意？”这是很多人向李嘉诚请教的一个问题。对于这个问题，李嘉诚的回答总是同一句话：“行为低调。”行为低调就是做人做事要有一种谦虚和合作的态度，强烈的自我约束意识，不显示自己，不锋芒毕露，为人和善。谦虚谨慎、行为低调的人获得成功的机会才会更大。

看过本杰明·富兰克林自传的人都知道，富兰克林是低调做人的典范。他在自传中说：“我立下一条规矩，绝不正面反对别人的意思，也不让自己武断。我甚至不准自己表达文字上或语言上过分肯定的意见。我绝不用‘当然’‘无疑’这类词，而是用‘我想’‘我假设’或‘我想象’。当有人向我陈述一件我所不以为然的事情时，我绝不立刻驳斥他，或立即指出他的错误，我会在回答的时候表示在某些条件和情况下他的意见没有错，但目前来看好像稍有不同。我很快就看见了收获。凡是我参与的谈话，气氛变得融洽多了。我以谦虚的态度表达自己的意见，不但容易被人接受，冲突也减少了。我最初这么做时确实感到困难，但久而久之就养成了习惯。这种习惯使我提交的新法案能够得到同胞的重视。尽管我不善于辞令，更谈不上雄辩，遣词用字也很迟钝，有时还会说错话，但一般来说，我的意见还是得到了广泛的支持。”其实，富兰克林在这里并没有提出什么新的观念，这只不过是他人格成熟的表现——宽容和低调。

大智若愚，是职场上的最高境界。我们会发现，越是这样的人，他们越接地气，做事越低调，他们懂得适时低头，但却得到了更多人的尊重。

那么，如何在职场上做到低调呢？

第一，跟同事在一起时，要低调。很多人在跟同事相处时，总是想尽一切办法突出自己的优势，凡事总是要争个高低。殊不知，职场中真正聪明的人，往往是那些为人低调、对事情看透而不说透的人。职场中低调的人，同事们是不会对其树立强烈的戒备心，员工自己也不会到处树敌，人际关系会越来越好，更有一日冲天的机会。

第二，跟领导在一起更要低调。如今职场上一些年轻的员工傲气十足，看不惯很多管理层们的工作及管理模式，但凡有点风吹草动便与领导杠上了，不把领导放在眼中。这样的员工看似“一腔正气”，其实是最傻的人，要知道上司再“无能”他也是你的领导，他能在这个位置上必有过你之处。反观那些真正聪明的人，他们在与领导相处时都是十分低调的，既不默默无闻，也不会点头哈腰，而是发自真心地尊重和技巧地交流。

五、与同事建立亲密关系的四个诀窍

亲密关系在人们的生活中至关重要，人具有被关爱的欲望，而亲密关系恰好能够满足于此。如果一个中层领导能够与其他同事建立较为亲密的关系，那么他一定能够获得同事们的认可。

在此为你提供与同事建立亲密关系的四个诀窍：

1. 工作结束之际，不可匆忙草率地向同事告辞

当一天的工作即将结束时，你最好不要一面拿包、整理桌子的文件或是做着其他什么动作，一面对其他同事说着“我走了”“谢谢你今天的捧场和帮忙”“明天见”之类的告辞的话。

这是因为，你在忙乱之中向他人告辞，容易显出你急于回家的心情，而且这种告辞方式也显得太随便和漫不经心。

虽然告别之语不过是些寒暄的客套话，可是，只有你把告辞作为一件“特意”的事的时候，才会产生相应的效果。

2. 对于不在场的第三者予以关心

有一次，一位刚参加工作的年轻编辑采访一位名作家。当采访结束后，他们开始闲聊。突然，年轻人看了看表，十分慌张地站起来对作家说：“与您谈话非常愉快，以致忘记了时间。现在我有一个约会，只好向您告辞了。”

作家把年轻编辑送出大门，看见他急匆匆地向远处跑去，由衷地赞叹这位年轻人忠厚与直率的品质。

年轻编辑的行为在无意识之间表现了他对第三者关心的态度，从而加深了别人对他的好感。

也许有人会认为这样做是失礼之举，但实际上绝非如此，它只能加强你在他人心目中的美好形象。

在与人面谈时，说声“对不起”“不好意思”，然后站起来去给另一个约会者打个电话，再回到原座位的时候，很平静地告诉对方：“我有个约会，可能要迟到 10 分钟，因而先给他打个电话，以免让他久等。”当与你谈话的人明白了其中的原委后，一定不会因此而感到不快，反而会因你的细心周到而对你产生好感。

人人都希望得到别人对自己的关心。因此，假如你在与其他同事在一起时，对某位并没有在场的同事表示出关心，说一句“他最近大概很忙

吧”“他真够辛苦的”等话语，那么就会使同事们产生这种想法：他对别人真的很关心啊！假如我没有在这里的话，他一定也会对我表示这种关心的。有了这种印象，同事们自然会对你产生更多的好感。

3. 向对方的家人赠送他们喜爱的礼物

美国的著名导演斯皮尔伯格，监制了一部影片《E · T》，一下子风靡了整个日本。有一次，他去一位同事家拜访，买了按照《E · T》中的角色仿制的玩偶，将其作为礼物送给主人家 3 岁和 5 岁的孩子。孩子们欢呼雀跃，万分高兴，亲切地称他为“E · T”叔叔。从此以后，他每到那位朋友家都会受到热情欢迎，他与主人的关系也变得更加亲密了。可见，向对方的家人赠送他们喜爱的礼物，这是一种拉近与同事、朋友关系的有效方法。

当你打算带着礼品到同事家拜访时，选择一些受其家人喜爱的礼品，比直接送给他本人还要受欢迎。

这一送礼方式可以使你获得一个契机，让你与同事的交往发生质的飞跃。如此一来，即使是同事间的工作交往，也会因受到了他的家人的欢迎而打破以往接触时的公式化的框框，进而建立起情深意厚的交情。

然而，值得注意的是，倘若这个礼品不能令对方的家人感受到意外的惊喜，那么效果就不会理想。比如，在春节期间去同事家拜访时，如果你给他的孩子们送去的只是一些普通的年礼，那么他们就不会对你表示出格外的欢迎，送礼要有一些创意。

4. 出差或旅行回来时，捎点土特产给同事

虽然说出公差也是一项工作，但是许多人是怀着一种去旅行的心情看待它的。正因为如此，所以周围的同事也会因为抱持这种想法而对你既羡慕又嫉妒。

这是因为，出差可以让人换换环境，感受一下新鲜的事物，呼吸一下外面的空气，使心情变得更加舒畅。

他们虽然表面上不动声色，但其内心的想法则可想而知。在他们的概念中，这是一种“公费的旅行”。

一般说来，独享“公费”的人是应当感到“亏心”的。这是一种不可思议的奇特想法，然而，在现实中却很普遍地存在着。

因此，如果一个去出差的人没有表现出这种“不安”的话，那他就会引起同事们的反感。

然而，如果你能从出差地带点土特产回来送给同事们，他们就会高兴地分享你的快乐，消除对你的反感，你与别人的关系也会因此变得更加亲近。

很多人不明白这样做的重要性。他们往往认为，出差属于公务行为，因而，根本没有必要给其他同事带什么土特产。这种想法不能说没有道理，但是，如果你在实际工作中这样做的话，一定行不通，只能增加你与同事们之间的距离。

因此，每一次出差旅行回来，最好是带点当地的土特产给同事们，那么，他们就会觉得你是一个办事细致、周到、关心他人的人。

第十五章 掌握方圆之道，创造和谐的工作氛围

在日常管理活动中，当人与人之间相“接触”的时候，因为性格、行为习惯、思维方式、角色等的不同，难免会出现一些状况——欣赏与讨厌、赞美与诋毁、协作与竞争、支持与拆台等。因此，作为中层领导需要充分发挥“润滑剂”的作用，为员工营造一个轻松、和谐的工作环境。相信这样的工作氛围，一定能助力企业在激烈的市场竞争中脱颖而出。

一、先找到矛盾冲突的原因，然后对症下药

要想攻破与同级之间的各种矛盾的暗堡，需要中层领导对身边所发生的事情有一个比较全面的了解，找到冲突产生的原因，只有这样才能在千头万绪中寻到问题的症结，把握最为关键的矛盾，根据不同的原因采取不同的解决办法。

1. 处事策略不同产生矛盾冲突

每个人的个性不同，因此，每个人对事物的认识往往也是不一致的，这就导致了人与人之间在处事策略方面的差异，如果没有处理好这些差异，就会产生矛盾冲突。所以，作为中层领导者，你不能武断地说某某的说法可行，反过头来又把某某贬得一无是处。最好的办法就是用事实说

话，这样做不仅会让当事人双方亲眼看见彼此的优劣，而且会为他们提供更好的思想方法去有效地解决问题。

当然，你也可以让他们各自试着去做一下，或者来个竞赛，将任务分成若干部分，让他们分头处理，用最后的成效说话，让当事人心悦诚服。

2. 责任归属不清产生矛盾冲突

公司大了，难免会有一些工作内容接近的岗位，对相应的执行人员来说就会有职责不明的现象存在，往往会给执行者造成冲突。职责不清主要体现在两个方面：一是某些工作没有人做；二是某些工作出现了交叉的现象，执行双方容易因为意见不一致而发生矛盾。作为中层管理者，当工作没人做或下属在执行工作时发生了矛盾该怎么办呢？

我们知道许多人际关系方面的矛盾与责任常常是缠杂在一起的。也许矛盾的双方对问题都负有责任，然而，主要责任还是应该由主要的责任人来承担。这也正是处理双方矛盾的关键——明确责任的归属。

第一步要查明问题的真相，注意搜集有关这方面的信息资料，好在当事人有“矢口否认”的动机之前，就用它们为当事人提个醒，以免他们以后尴尬。在有了足量的信息，明确了责任的归属之后，第二步就是让双方都承认自己的责任所在，而后再将责任的所有权移交给那个应当负主要责任的人。把责任转化为新的工作任务或问题布置下去，这对问题的圆满解决，最终双方握手言和至关重要。

3. 个人情绪产生的矛盾冲突

因情绪产生的矛盾冲突是较难处理的，它不同于因为任务的执行而产生的矛盾冲突，但情绪矛盾有它自身的特点，那就是情绪矛盾具有短暂性，就如情绪变化一样，但若不认真对待，也会在组织人际关系的和谐上留下深深的划痕。

每个人的性格千差万别，对应的情绪也就不一而足，是很难控制的。在处理情绪冲突时，最好是站在下属的立场上思考一下。如一位员工在一大早儿赶来上班时，由于急着赶车忘记拿伞，在路上被淋得浑身湿透了，更糟糕的是这位员工在挤车时又不慎丢失了钱包，将半个月的工资搭了进去；当他气冲冲跑进公司时，已经迟到了10分钟，显然，这个月的奖金又悬了。这一切遭遇对一个性子急躁的人来说是很难容忍的，他要发泄，最终与同事发生了口角，于是矛盾产生了。解决这类情绪所造成的矛盾，你最好用一颗爱心与同情心来处理，尽量安抚和平复情绪。

4. 争夺有限资源产生的矛盾冲突

如今是信息时代，现成的资源都被大家盯上了，那些潜在的资源就显得越来越重要了，表现出来的现象就是资源的稀缺性，这种稀缺性导致人们展开了各种形式的争夺。这种争夺在一定程度上会导致冲突。对一个公司来说，其财力、物力、人力资源和晋升机会等都是有限的，个人或部门对这些资源的争夺势必会导致矛盾冲突。

所以，在资源稀缺的环境里要想和同事们和谐相处，就不能一味地独享，要懂得资源的有效整合和优化配置。因为有时候即使你具备一定的资源，但是因为没有经过合理的配置，再好的资源也得不到有效的发挥。

作为中层领导者，只有在摸清原因的基础上对症下药，有针对性地做工作，才能有效地消弭分歧、化解矛盾。如果需要高层领导来做工作，就要及时反映上去，并积极配合，为矛盾和冲突的解决奠定良好的基础。

二、不要陷入非原则问题的争论中

老子云："不争而善胜。"通俗地讲，就是避免争论是在争论中获胜的唯一秘诀。当然，这并不是主张唯唯诺诺、低三下四，有的时候、有些场合，一个人应该为自己确信的真理和主张去和反对者争论，辨别是非。

但是，在一些非原则问题上，却要极力避免和别人争论，因为交谈的主要目的并不是谁优谁劣，而是促进双方彼此的了解，是一种社交性的活动，一争论起来就很容易伤感情，和原来的目的背道而驰了。尤其是作为中层领导，为了一些毫无意义的非原则问题，与他人争得面红耳赤，实在是有伤大雅的事。

所以，对于一些非原则性问题，即使你是对的，最好也不要陷入争论的泥潭。具体来说有如下方法可参考。

1. 尽量了解别人的观点

在许多场合，争论的发生多半是由于大家只看重自己这方面的理由，而对别人的看法没有好好地去研究、了解。如果我们能够从对方的立足点去看事情，尝试着去了解对方的观点，认识到为什么他会这样说、这样想，这样，一方面可以使我们自己看事情的时候会比较全面，另一方面可以看到对方的看法也有他的理由，这样发生争论的可能性就比较小了。

同时，如果你能把握住对方的观点，并用它来说明你的意见，那么，对方就容易接受得多，而你对其观点的批评也会中肯得多。而且，他一旦知道你肯细心地体会他的真意，他对你的印象就会比较好，他也会尝试着，去了解你的看法。

2. 尽量先加以肯定

古人讲："进谏之道，使人君畏吾之言，不若使人君信吾之言，使人君信吾之言，不若使人君乐吾之言。"如何使己方的意见让对方感兴趣并乐于接受是进言的关键。

解决这个问题的要领是：先肯定，后否定。因为这个办法符合人们的心理特征，这就是人们自尊、自重的倾向。帕金森和鲁斯特莫吉在《事业成功之路》一书中，曾经这样写道："批评之前，你最好先以表扬铺路。切记：再好的人也不愿意被人指责做错了事，为此，你应先找出批评对象的某些优点予以表扬。人们往往容易接受能看到他的优点的人的批评，如果你在批评前没有予以赞扬，就很容易激怒被批评者。"

3. 要尽量保持冷静

双方发生意见分歧时，你要尽量保持冷静。通常，争论多半是双方共同引起的，你一言我一语，互相刺激，互相影响，结果就火气越来越大，情绪激动，头脑也不清醒了。如果有一方能够始终保持清醒的头脑和平静的情绪，那么，就不至于争吵起来。

但也有的时候，你会遇见一些非常喜欢跟别人争论的人，尤其是他们蛮横的态度和无理的言辞常常使一个脾气很好的人都会失去耐心。在这种时候，你仍然能够不慌不忙，不急不躁，不气不恼，将会促进你能够跟那些最不容易合作的人好好地进行有益的交谈。

4. 时刻准备承认自己的错误

坚持错误是容易引起争论的原因之一。只要有一方在发现自己的错误时，立即加以承认，那么，任何争论都容易解决，而大家在一起互相讨论，也将是一件非常令人愉快的事情。在我们谈话的时候，不妨以身作则，发现自己有错误的时候，就立刻爽快地加以承认。这种行为，这种风度，不但会给予别人很好的印象，而且会把谈话与讨论带着向前跨进一大步，使双方在一种愉快的心情之中交换意见与研讨问题。

5. 不要直接指出别人的错误

你若是直言不讳地指出别人的错误，你认为对方会感激你吗？不，永远都不会！因为你直接打击了他的智力、判断力、自信、自尊。他极有可能反击你。

美国著名人际关系学大师卡耐基曾说过："间接指出别人的错误，要比直接说出口来得温柔，且不会引起别人的强烈反感。为了不触犯对方的自尊心，即使发现了对方的错误，也不要立即指出，而应采取间接的方式。"

我们要改变一个人的看法和主张，并不是一朝一夕就可以成功的，所以不要奢望短期内使别人接受你的意见。要争取长期和别人互相交谈的机会，让大家在心平气和的讨论中，逐渐把正确的真理传播到他人心中。

三、“化干戈为玉帛”为上策

“化干戈为玉帛”是前人经验教训的总结，给我们指明了为人之道和处世方法。每个人都有自己独特的脾气禀性，在人际交往中难免会遇到与自己性格、脾气不合的人，这些人有时会出现在朋友中，使朋友间的距离疏远；有时会出现在同事中，使自己的工作不能顺利开展；有时则出现在陌生人中，使自己错过了交友的机会……在这些情况下，如果处理不当，对自己是十分有害的。

身在职场谁也不想树立敌人，很多时候我们之所以会树敌，是因为不了解同事的心理，在无意间冒犯了他们。所以，只要能了解这一点，不闯入对方的禁区，彼此就能保持友好的关系。了解同事的心理首先就要了解他的处世动机，掌握对方的优缺点，进而对症下药。

一旦与同事产生冲突，短时间内双方可能都不好意思或不愿接近，日子一久便更加生疏，到时再想解决问题就难了。打破这种僵局的方法有很多种，包括退让、等待时间缓冲、暂时不予表态、模糊焦点、转化利害关系、冷静倾听等，我们要学会在不同的情况下灵活运用这些方法。

化解矛盾最有效的办法之一是借助暗示法——站在对方的立场设身处地地想想，再借由他人之口或他人的意见拐弯抹角地传达你的意思，不但能用于平息怒气，还可以赢得他人的信赖。

消减同事对你的怨气，另一个有效的办法就是对他的兴趣加以注意。让对方知道你非常关心他，这一点是很重要的，能在很大程度上调动起对方的积极性。我们利用这样的一种接纳方式适当地抬高对方，给对方一种高高在上的感觉，对方一高兴，对你的怨气就烟消云散了。

有些人总害怕承认自己的错误，不敢向同事道歉，以为这样别人就会看不起自己。其实，当你敢于向同事承认错误时，就说明你已经成功了一半，因为一个人能够主动示弱，就说明他是真诚的，谁能拒绝一个真诚的人的道歉呢？

总之，想要化干戈为玉帛，就要先让自己的情绪稳定下来，洞悉对方的个性，然后伺机而动，自然能突破阻碍，无往而不利。

四、诚恳地道歉是消除矛盾的良方

在日常管理活动中，我们难免会因说错话、办错事而得罪人，如果我们能及时认识到自己的错误，诚恳地向对方道歉，那我们不但能得到谅解，还会增进彼此之间的感情。相反，如果你在犯错之后千方百计地为自己找借口辩解，那你不但得不到谅解，还会激起他人更大的反感，让局面变得不可收拾。

某公司召开部门例会，会上主要讨论三季度的市场项目和预算，销售主管小赵在给大家通报了自己的项目和预算后，忍不住随口抱怨了一下财务部为了自己工作方便，让软件公司设计了那么复杂的系统，人为地给其他部门增加了工作量。那次例会上坐着一个财务部的同事，而那套财务软件系统就是那位同事负责建立起来的。

在大家的目光暗示下，小赵注意到了财务部同事尴尬的表情，立刻意识到说错话了，立刻当众向财务部同事道歉说：“对不起，刚才话说得有些过头了，我实在是被这套系统整晕了，我也知道财务部的同事肯定不是故意为难大家的。可能平时大家工作中沟通比较少，如果能问问大家对这套系统的反馈，让软件公司改进一下就好了。”

财务部的同事脸色立刻由阴转晴，马上点头同意道：“是啊，各部门的要求也不一样，我们是准备大家用一阵子就收集反馈意见让软件公司集中改进呢。”

后来财务部的同事果然很认真地收集了各部门的反馈意见，最后让软件公司把系统调整到大家都比较认可的状态，不仅解决了问题，也促进了工作。

是啊，既然做错事了，你只能通过道歉换来别人的谅解，为自己辩解只会招来反效果。

美国公关专家苏珊亚曾说：“学会道歉是一项重要的社会技能，真诚的道歉将会使人们感受到人与人之间最美好的情感。”所以，我们要学会真诚地向别人道歉。

真诚地道歉应该做到以下几点：

首先，要有一个正确的态度。只有态度诚恳，人们才会接受你的道歉。如果你只是迫不得已，敷衍了事，那么道歉就不会取得好的效果。在道歉的时候，一定要用真挚的语气、诚挚的态度，只有这样，才能够得到别人的谅解。一位学者曾经说过：“在我最初的记忆中，母亲对我讲过，在向人道歉的时候，眼睛不要看着地上，要抬起头，看着对方的眼睛。这样对方才相信你是真诚的。”道歉必须直率，要有诚意，能够坦率地说：“对不起，我错了，请原谅！”

其次，道歉要堂堂正正，不能躲躲闪闪。道歉是一件光明正大的事情，所以没必要躲躲闪闪、羞羞答答。但是也没必要夸大其词，一味地往自己脸上抹黑，这样别人不仅感受不到你的真诚，反而会觉得你很虚伪。

最后，道歉一定要及时。即使不能够马上道歉，日后也要找准时机及时表示自己的歉意。及时道歉，可以在很大程度上弥补自己言行不当而带来的不良后果。

道歉，是要向对方表达出我们内心深处真诚的歉意。歉意的表达并不是一句“对不起”就能了结的，最重要的是要真诚，要有承担责任的诚心和勇气。道歉不是一件丢脸的事情，真诚的道歉，更能体现一个人良好的人品与修养。

五、不要侵犯同级的“领地”

每个中层领导都有自己的职权范围和工作职责，要处理好和其他中层领导的关系，首先是你不要侵犯别人的“领地”。

我们知道，所有动物都有领土意识，大至狮子、老虎，小至老鼠、昆虫，无不如此。像狗，它们在住处四周撒尿，就是在圈划领土，警告别的狗别越界闯进，若哪只狗闯了进来，便上前把它赶走。

从心理学的角度讲，“领土意识”基本上就是自卫意识。同样，人的表现虽不像动物那样直接明了，但自卫意识同样强烈，只不过在方式上有所不同。如果不注意这一点，就很容易自讨没趣，甚至遭到迎头痛击。

在公司里，工作的职权范围就是中层领导们的“领地”，同样不可侵犯。你要时刻牢记“不在其位，不谋其政”的古训，因为无论多么开放的职场，界限永远存在，你不要越界去做“帮助”别人的事，也许你是出于一片好心，但问题是对方可能不领你的情。许多时候你的“热心”往往在别人看来是“别有用心”，这岂不是得不偿失？而且帮助别人做事往往会使被帮助的人接受这样一种暗示：“你自己的事都干不好，你很无能，我比你强。”这种暗示能让人多么不舒服是可想而知了。

有时，你的部门一时人手紧张忙不过来，此时切不可乱用你的“官位”，不通过其他部门的主管就随意调用该部门的人员。对该部门主管而言，你是“手太长”，没把他放在眼里；对被调用人员而言，心中也充满不平：“你算哪儿的？你管我？”这些通常不会显露在脸上，你不要傻乎乎地以为人家都很愿意帮你。实质上，你已经侵犯别人的“领地”了。

还有一种情况，是过于依赖个人的关系而忽略了应该走的程序，这也是一种“领地”侵犯行为。比如，你与打字室的某人关系不错，因此你便直来直去，把一些要打印的文件直接塞到打字员手中，全然忽略了打字室的主管。这是最容易得罪人的一种行为，无异于对其“领地”的公然践踏，本来忙的都是公事，却不小心踩了地雷。

应切记，你所代表的是一个部门而不仅仅是你个人，你的行为往往会被别人上升为部门行为，所以更要小心。这种“领土意识”是实实在在存在的，如果你不注意而侵犯了别人的“领地”，是会惹出你想也想不到的麻烦的。

第十六章　进退间，把握竞争的主动权

在职场中，很多人知道处事低调，与人友善的哲学。然而即便如此，竞争还是不可避免的，除非你甘居人下，自愿出局。否则你必须勇于面对各种各样的竞争，并深谙进退之法，这样才能在竞争中把握主动权，使自己立于不败之地。

一、用竞争代替放弃

中国人受儒家学派的影响比较深，遇到需要竞争的事情总是谦让回避。可是，经过多年的生活和经验，有很多人也渐渐明白过来，老实人就是容易吃亏上当。在此，奉劝那些埋头苦干的中层领导们，有时为了赢得成功，必要时要有“该出手时就出手”的勇气。

美国通用公司总裁杰克·韦尔奇在与下属交谈时这样问：“同事之间，最容易产生的就是名誉、金钱、职称、职位的竞争。当竞争真正到来时，你会有什么样的作为呢？是避让退缩，还是勇敢向前？是拱手相让，还是竞争获取？”很明显，韦尔奇所希望得到的答案是积极去竞争获取！相反，如果你主动放弃就意味着没有自信心。所以，当遇到一些与你实力相差无几的人争夺相应的权利时，切忌轻言放弃，在别人看来，你这不是宽怀大度，反而认为你惧怕他。如果你放弃了，非但成功不了，还会伤害支持你的其他人，会失去大家的心。

美国马里兰州有一家钟表厂准备进行新的管理制度调整，原来的老经理即将退休，需要提拔一位副经理进行新老交替。克尔斯和布里斯作为副经理都是候选人。上级部门经过对下属的查访，认为布里斯在员工中的威信要高一些，并且对于工序流程比克尔斯更明白，是经理的最佳人选。此时，克尔斯已经得到此信息，开始打通上层关系，通过上级来确定经理之职。克尔斯与布里斯的竞争达到白热化。布里斯此时得知克尔斯的上层关系给上级领导压力很大，于是主动找到上级领导表示让步。上级领导对布里斯的这种做法非常失望："本来希望你能够担起重任，如果你坚持下去，我们绝对能将你扶正。你自己先打了退堂鼓，我们的心思也白费了，说句实话，你太让我们失望了。"

竞争的结果是克尔斯成为经理。克尔斯上任之后不久，提拔了几个人，将布里斯放到一边，把他架空了。布里斯眼看着好端端的钟表厂在不懂行的人的手中慢慢垮了下去，自己却无能为力，感到很痛心。

该争的没有争，致使企业效益下滑，无论从自我的发展上还是对企业乃至社会的影响上，都没有积极意义。

"谦让"是一种美德，但过分的谦让便是虚伪。在不违反原则的前提下，用正当的手段积极竞争，既是对自己负责，也是对公司全局利益负责。

二、站稳后，就要更上一层楼

常言道："人往高处走，水往低处流。"一名中层领导，在自己的位置上站稳脚跟以后，就应该积极参与竞争，以求"更上一层楼"，从众人当中脱颖而出。但是要做到这一点并不容易，你需要"击败"其他同事，想办法让上司看到你的能力。而且，当有升迁机会时，要让上司立即想到的是你而不是你的其他同级。那么，如何能做到这一点呢？

1. 做好晋升的准备

第一，要有一颗进取的心。要想在公司里获得晋升，你就要时刻保持一颗进取的心。当你的心在求进取的时候，你的精神面貌和求知欲望都会处于最佳状态，而这些也更容易引起上司的注意，也更容易得到上司的欣赏。

第二，对晋升所要具备的条件了然于胸。想得到晋升的职位，就要先了解胜任这个职位所需的条件，然后有意识地培养并表现出这方面的能力，那么，当上司看到你能胜任上一级职位时，他自然会考虑提拔你的。

第三，兴趣是最好的老师。你要让上司知道你对晋升的职位感兴趣，中层领导也要有一种毛遂自荐的精神。当你确实认为自己有足够的资格胜任晋升的职位时，不妨坦率地告诉上司，你对那个职位很感兴趣，而且完全能够胜任。这样，即使这个职位暂时没有空缺，上司也会考虑，也会认为你是很有上进心的；如果上司正为选择合适人选大伤脑筋时，你正好为他解决了难题，那么，你能晋升的概率将比其他同事大得多。

第四，目的要充满正能量，切忌让上司感觉你是为了一己私利而为的。正直的人最担心和讨厌那种一味追求个人私利的人，他们觉得这种人过于钻营，即使有才，也不能委以重任。如果把这种人提升到较高职位的话，只会给公司带来不利。所以，你应该让周围的人感到，你并不是那种单纯追名逐利之辈，而是有很强的事业心和责任感。让他们觉得你之所以想得到较高的职位，是为公司的前途和利益着想，是为了实现自己的事业心。

2. 抓住表现的机会

上司不会无缘无故地注意你，更不会无缘无故地提拔你而不提拔别的同事，你要想得到晋升，必须抓住机会，在上司面前适时地展示出来。

一般而言，你可以用以下方法来争取表现的机会：

第一，进行角色转换。有的人做到了一定的管理层位置就停止了对自己的要求，特别是中层领导，认为自己到了这个位置已经足够了。殊不知，人一旦有这种想法，就很难取得更好的成绩，也很难再有突破。这个时候，上司自然也不愿再帮助你。而之所以会出现这种情况，就是因为你没有很好地实现角色转换，你没有真正进入事业成功者和上司的角色。角色转换不好对职业发展是非常不利的，甚至会导致职业的终结。所以，中层领导要想在职场中获得晋升的机会，应该尽快适应角色的转换，应对的措施就是直面困难、勇敢挑战。

第二，克服不足，要有大气魄。很多人由于习惯于做别人的下属，性格上“小气”，比较注重面子，缺乏大气魄。这样的人一旦获得晋升，就会影响作为管理者的魅力与权威。此外，还有的人太在意事情的细节和处理问题的方式和方法，好的一面是可以使问题比较平稳地解决，但是有时候也会给自身带来麻烦。比如过于考虑照顾下属的面子使问题没有达到最佳的解决效果，使自己处于一个两难的尴尬境地。总之，要想顺利晋升，这些缺点就必须克服。

第三，不要表现得过分谦虚。上司未必了解所有的下属，有时候，太过谦虚反而会吃亏。比如，当你带领下属完成一件艰巨的任务而向上司汇报时，一定要把自己的作用放在醒目的位置上，如果你自己不说，别人也不会提，这样上司可能永远不知道你做了些什么。

第四，适度地渲染自己的成绩。承担琐碎工作时，你不必把成绩向任何人显示，要给人一个平实的印象；当你有机会承担一些比较重要的任务时，不妨把成绩有意无意地显示一下，增加你在公司的知名度。特别是在大公司，这非常重要，因为人太多了，上司是否会注意你，往往是由于你在公司的知名度来决定的。掩藏小的成绩，渲染较大的成绩，可起到名利双收的效果。

第五，不可操之过急。机会的来临是偶然的，而机会只青睐有准备的人，所以，对于升迁的机会要耐心等待，并随时做好升迁的准备。这样，一旦机会来临，就能迅速抓住它。

3. 耐心等待下次的机会

如果晋升的好运最终落在了别的同事身上，不要因此而沮丧或不合作。你的每一个表现，都看在别人的眼中。因此，你要表现出大将风度，不以一城一池之得失而大喜大悲，应把眼光放长远，总结经验，进一步提升自己的能力，为下一个晋升机会的来临做准备。

耐心是一个职场人士非常可贵的品质，凡是晋升成功者，都是非常有耐心的人。所以，当你晋升受挫时，耐心会让你很快地恢复内心的平静，耐心会让你好好地准备接下来的事情。它不仅能支撑你的成长，让你在日积月累的修炼中逐渐变强，还能最大限度地减少你的失误。在耐心中恢复到正常的状态，等待下次机会的到来。

三、擦亮眼睛，及时抓住晋升的机会

在职场上有很多晋升的机会，为什么你没有抓住呢？最关键的是，你不知道这些机会在哪里。升职是每个职场中人的渴望与梦想，因为升职就意味着加薪、地位的提高、个人价值的实现。然而，机会只垂青有准备的人，不要只是被动等待升职的机会，聪明的人应该懂得发现机会、捕捉机会，必要时更应主动创造机会，才能实现晋升的梦想。

有些中层领导年纪轻轻的就升上了公司高层领导的职位，但有些却不知什么原因，在这个不上不下的位置上就仿佛定格了一样。其实，那些始终得不到晋升的人并不是运气不好，也未必是能力不行，而是没有抓住晋升的机会。

很多时候机会都是靠自己争取来的，应该向上司表示企图心的时候千万不要退却。有些人可能认为不好意思，或者这样做了上司会对自己印象不好。其实上司在准备调整领导岗位时，如果下属能主动请缨，上司一般都会很高兴，只要他们对你的工作能力有了一定认可，这也是你表达自信的一种方式。所以，作为一名中层领导，想要更快地升职，就应该认准时机，抓住时机。

1. 出现职位空缺时

有重要岗位的人员离职了，这可是天大的机会，但这种机会可能被很多人忽视掉了，觉得那么重要的岗位怎么可能轮到自己呢？你没有去尝试，没有去努力，你怎么知道这样的岗位不应该让你做呢？机会一定是争取过来的，要主动地去抓，而不是被动等待。

2. 出现新的职位时

出现新的职位，通常是由组织调整和机构扩张带来的晋升机会。身为中层领导，你需要敏感地发现这种机会，这种不是由于原职领导变动所产生的职位空缺，而是新增加了职位，这个时候，你大可以自告奋勇，如果你真的业绩过硬，那你的前途就会无限光明。

一般新增职位主要有以下几种情况：

（1）新设立管理层：当一个企业发展到一定程度的时候，原有的管理体制已无法有效地运行，于是很可能就会在总部与各分部之间增加一个中间管理层，形成多级管理的体制。

（2）组织机构扩大：有些企业因为自身的发展扩大，会向外扩张，如此一来，外地新建的分支机构就必然需要人手担任领导职务，增加许多管理岗位。

（3）职务细分：有的公司在部门正、副经理之下增设经理助理，在经理之上增设总监。

从上述几种情况中来看，中层领导要抓住晋升的机会，就要了解公司的动向，一旦得知有新增职位，就要积极争取，这样才能更快地晋升。

3. 公司有特殊政策的机会

所谓的特殊政策，比如说最近上了一个新的项目，如果选派到这个新的项目上去之后，项目结束了，你做出了大贡献，回来之后就会给你晋升加薪，这种事情即便是苦一点、累一点，也一定要给自己争取。

总之，在任何一个组织机构中，晋升的机会无时不有，无处不在，如果你确实够优秀，脑筋又够灵活，就不怕没有晋升的机会。作为一名优秀的中层领导，你现在除了要扎实做好你的本职工作外，还要擦亮你的眼睛盯紧晋升的机会。只有这样你的事业才会向着成功的方向发展。

四、当众拥抱你的竞争对手

记得有位哲人曾说："搬走别人脚下的一块石头，等于给自己打开了一条成功的捷径。"事实的确如此。人在职场，竞争无处不在，如果我们在取得了晋升的成功，那么不妨当众给你的对手一个拥抱和掌声。

当众拥抱竞争对手，除了可在某种程度上降低对方对你的敌意之外，也可显示你对对手的尊重和气度。

此外，你的拥抱动作也将使对方失去再对你进行攻击的立场，若他不接受你的拥抱，那么他可能招致他人的谴责。

而最重要的是，当众拥抱竞争对手这个动作一旦做出来，心理上会形成一种突破，让你和他人相处时，能容天下人，出入无碍，进退自如，而这正是成就大事业的本钱。

所以，竞技场上比赛开始前，对手之间都要握手敬礼或拥抱，比赛后也一样再来一次，这是最常见的当众拥抱竞争对手的例子。

事实上，当众拥抱你的竞争对手的方式有很多种，你可以这么做：

在肢体上拥抱你的竞争对手，例如拥抱、握手……尤其是握手，这是较普遍的社交动作，你伸出手来，对方好意思缩手吗？

在言语上拥抱你的竞争对手，比如公开称赞对方、关心对方，表示你的诚恳，但切忌过火，否则会产生相反的效果。

一间小杂货店对面新开了一家大型连锁商店，这家商店即将挤垮杂货店的生意。杂货店老板忧愁地找牧师诉苦。

牧师说："如果你对这家连锁商店心存畏惧，你就会仇视它，仇恨便成了你真正的竞争对手。”

杂货店老板慌乱地问：“我该怎么办？”

牧师建议：“每天早上站在商店门前祝福你的商店生意兴隆，然后转过身去，也同样祝福那家连锁商店，当众拥抱你自己的竞争对手。”

杂货店老板气愤地说：“为什么要拥抱我的竞争对手？”

牧师说：“你的任何祝福都会变成福气，回归于你。你所给的任何诅咒，也同样会将你自己导向失败。”

杂货店老板按牧师说的那样去做了，他的行为被连锁商店的老板注意到了。

一段日子后，正如杂货店老板当初所担心的，他的商店关门了，但他却被聘请担任了那家连锁店的经理，而且收入比以前更好。这也许就是当众拥抱竞争对手的力量吧！

第十七章　走自己的路，更舍得给下属铺路

职场上竞争激烈，作为中层领导，找到适合自己的生存之道尤为重要。然而，仅拘泥于自己的小范围，凡事只看到自己的切身利益，那么在无形中，我们会错过了很多。职场中，应该放远眼光，无私为公司培养人才。因为只有这样，培养出合适的继任者，才能显示出自己的忠诚和气度，求得更好的发展。为别人烧砖，给自己铺路，这是中层领导应该明白的道理。

一、主动授权，给下属足够的成长空间

那些事必躬亲的中层领导往往会有这样的想法：自己应该主动深入工作当中，而不应该坐等问题的发生；或者自己应当向员工表示出自己不是一个爱摆架子或者高高在上的领导者。这些想法确实值得肯定，这毕竟是提升感召力的一种手段，但作为中层领导不必事必躬亲，而要学会主动授权，给下属足够的成长空间。

1. 恰当地授权

中层领导在授权时要做到如下几点：

第一，切忌避免随意放权。授权不等同于放权，所以中层领导还需要好好地考虑一下两者之间的区别，在授权前一定要做好准备工作，交代清楚工作的背景和权限，制定合理而完善的监控和汇报机制，挑选恰当的人

去承担这项工作，不要等到出了问题，再去亡羊补牢。

第二，授权之后不要再贪功揽权。有很多的中层领导把事情都分派给了下属去完成，但是却不愿意将相应的荣誉和利益分给下属，结果下属没有积极性去做，更谈不上成长。最终，所有的工作又回到自己的手中。

第三，不用太过谨慎，用人不疑，疑人不用。很多管理者，自己从事某项工作多年，对这项工作了如指掌，一旦将自己熟悉的工作交给了别人，就开始担心起来，心里总是觉得不踏实，这样势必会出现过度谨慎的倾向。这样下属会有不被信任的感觉，会让人产生消极、抵触的情绪，无法在工作中得到锻炼。

2. 明确授权的范围

既然明白了事必躬亲的弊端和恰当授权的必要性，那么下一步你必须明确授权的范围，也就是说究竟哪些事务你不必亲自去做。团队的实际情况不同，授权的范围肯定会有所不同，但这其中还是有一些规律性的东西。在授权时，为了帮助下属快速成长，下面几个因素值得考虑：

第一，责任或决策的重要性。一般来说，一项责任或者决策越重要，其利害得失对于部门或整个企业的影响越大，就越需要授权给能力强、你想重点培养的员工去做。

第二，任务的复杂性。任务越复杂，管理者本人就越难以获得充分的信息并做出有效的决策。如果复杂的任务对专业知识的要求很高，那么应该授权给掌握必要技术知识的人来做。

第三，员工的能力或才干。这可以说是授权最重要的一个因素。要授权给具备一定的技术和能力的员工，或是你想重点培养这方面能力或技术的员工。

巴顿将军曾说："我对很多方面都放任不管。"作为一名伟大的将军，他的成功有很大一部分来自有效的分工带来的"简单管理"。这就给了他的部下很大的自由空间去决策。每一个中层领导都应该深刻地领悟到此言的含义：授权予下，不仅可以使你从繁忙的工作当中解脱出来，更可以提高员工的工作积极性，锻炼员工的各种能力。这一举几得的事，是每个管理者都应学会去做的。

3. 有效授权的原则

美国管理专家史蒂文·希朗在其《企业家十三忌》中说，他在为经理人员举行专题讨论会时，常暗暗对与会者进行测验，看看他们作为经理是否称职。对于凡是在吃午饭和上下午喝咖啡时必须给自己的办公室打电话的经理，测试成绩都给予不及格。理由是，一般来说，一个称职的经理离开办公室一天，公司是不会出乱子的。而打电话的人肯定是不懂得授权的人，他们的行动即使自己如老牛负重荷，也不让下级通过解决问题获得经验，从而使下级失去了提升的机会，所以将他们判为不及格。一个成功的老板应该懂得“一个人权力的应用在于让他人拥有权力”，掌握授权这一领导艺术，需要注意的是授权虽然重要，但并不是人人都会授权，授权不当比不授权造成的后果更严重。

以下有几个基本原则，可帮助你更有效地授权：

第一，决定什么事要授权。由你自己决定什么是你要授权让别人完成的事。记住，授权和交托正常工作任务是不同的。授权是交付某人完成你的工作职责，但是你保有控制权，并负有责任。

第二，说清楚你想要的结果。你要决定成功完成任务所必须达到的结果。一般来说，被授权下属都会用自己的方式去完成任务；如果你希望他们运用特定的方法来完成工作，一开始就要让下属知道。

第三，界定下属的职权和责任。针对授权的任务，界定下属所负职权的范围与责任。让他们了解什么是他们可以独自做主的，什么是你同意才能做的，明确他们该承担什么责任。

如果你告诉下属“一切由你决定”，结果可能让你大感吃惊。然而，职权范围如果太小，下属可能无法完成任务。赋予下属完成任务所应享有的职权，但是不可以过多，因为成长需要过程，以免他们在不知不觉中犯错。

第四，制定后续时间表。交付任务之后，还要定期和下属开会，来观察进度及提供必要的协助。观察进度是为了避免出现到期前两天才发现进度落后的窘境，同时也可以作为下属是否需要协助的指标。

有些下属不太敢提出疑问，所以开会讨论该项授权任务，可以让下属有机会提出问题。至于会议的次数，则可依不同任务而有所不同；不同下属所需要的次数也不一样，新授权的下属与经验丰富、值得信赖的下属相比，所需的会议次数就会比较多。

中层领导授权并不是为了减轻工作量，而是为了让下属能在专业上持续成长。通过有效授权，让你与下属彼此获利。

二、学会原谅下属的错误

戴尔·卡耐基机构首席执行官斯图尔特·莱文和执行副总裁迈克·克罗姆在《新世纪领导人》中写道："千万不要忘了'过错'有两项基本的事实：第一，我们人人都犯错；第二，我们人人都比较乐于指出他人的错误，对于别人给我们的指正却都是恨之入骨的。"

依据莱文和克罗姆的告诫，在面对下属错误的问题上，我们可以提出这样三个基本原则：第一，要允许下属犯错误；第二，要原谅下属的错误；第三，要让下属清楚什么错误是不允许的。从某种程度来看，给下属犯错的机会，就是给下属成长的机会。

张肯在一个建材公司已经工作五年了，作为销售主管的他五年来一直勤勤恳恳，对工作上的事从来不马虎，每年他的销售业绩都是全公司第一名，是其他业务人员的榜样。公司的老总对他特别赏识，总是把最重要的工作交给张肯做。

一次张肯出差去收货款，突然接到了家乡姐姐的紧急电话，告诉他母亲不幸得了食道癌，急需手术。她们已经尽了全力凑手术费，还差10000元，要他想办法筹钱救母亲的命。张肯听了姐姐的话脑子一片空白，他没来得及多想，一路狂奔到银行，从公司货款里拿出10000元寄回了家。他在汇款单上的留言处写下了：10000元为了救母亲。

把钱寄出去后，张肯静下来想一想害怕了。作为销售主管，他十分清楚公司严格的财务制度和铁的销售纪律，挪用公款是销售人员的大忌，轻则退赔开除，重则绳之以法。五年销售工作中他从未动过公司的一分钱。此时，张肯不敢再往下想了，他似乎已看到了一双冰冷的手铐摆在了自己的面前。

张肯回到公司，赶紧来到老总的办公室，向老总详细说明了情况，而此时的老总始终是一副冷峻的面孔，最后对张肯说："你先休息一下，叫王秘书通知销售部全体人员，30分钟后开紧急会议。"看着老总严肃的神情，张肯的情绪到了冰点。

全体销售人员坐在公司会议室里，会场鸦雀无声。老总在会上重申了公司严格的销售纪律和财务制度之后，老总检讨自己对下属的关心不够，并告诉大家张主管家里出了大事，自己拿出10000元钱借给他，并让他签了借条，写明从每月工资里归还的具体金额。这下张肯由挪用公款变成了和老总私人之间的债权、债务关系，公司的货款分文未少，交到了公司的财务科。张肯被老总这种宽容的处事方式深深打动，决心更加努力地为企业工作。

犯错误对每个人来说都是很正常的事，所以作为中层领导也要以一颗宽容的心对待下属的错误，要知道给下属改错的机会就是给他成长的机会。

三、给予下属的"地位"不妨虚实结合

要想让下属感到自己在公司里有地位，干劲足，最有效的方法莫过于让那些优秀的下属担任高一层的工作。

有许多一般员工，虽然他们很优秀，但很少从工作全局上考虑问题，而一旦赋予他们某种责任，他们反而态度更加积极，愿意承担更多，热心督促下属工作。

每个人都希望自己的地位节节攀升。我们会发现，若经常置某个员工于某个位置上，他会渐渐地降低工作意念，因此必须使他能得到较高的地位，然后在日常工作中加以训练和指导。如此一来，他们在组织中地位升高了，干劲更足了。同一组织内，有不少员工有着丰富的经验，这些人之所以意志高昂，是因其在工作岗位上有一种无法动摇的地位，使他们自豪、有信心，使周围的人们尊重他们。

当然，企业中不可能有很多领导职位，故只有退而求其次，可以让他们当个指导者。中层领导可对年资满一年以上的员工说："你们现在已是企业的中坚分子，工作纯熟，因此我要你们来指导新员工。要知道，这是一项很重要的工作，希望你们好好地干。"这些人一旦担任指导者，清楚了自己的责任，工作起来就格外有热忱。

由此看来，给予下属职位完全可以虚实结合，并非一定要赋予他某种实实在在的权力，只要在感觉上有人信任他、依赖他、拜托他，使他感觉自己俨然是位经验老到的人，就可以增强他们的责任感和信心。也就是说，让他专门负责某件事，使其独当一面，就会达到这种效果。

当一个职业经理人被邀请参加只有经理人才能参加的俱乐部的时候，他会体会到比获得薪水还要开心的感觉。当一个中层领导成功地率领团队取得了公司销售竞赛的第一名时，他的奖金不一定比某些金牌销售员高，但那种成就感带来的喜悦绝不亚于任何人。

正如前文提到的，地位不仅仅是职位，地位是一种认可，更是一种荣誉和尊敬，它带来的是满足与尊重。

事实证明，象征地位的头衔即使没有实在的权力，也能激励人们在努力工作中快速成长。

四、敢于任用比自己能力强的人

在日常管理中，总有那么一些管理者不敢用能力比自己强的人，结果是自己带的团队始终没有质的飞跃，业绩平平，最终被企业淘汰掉了。

其实，这在心理学家看来，就是由于嫉妒造成的——由于别人的能力超过了自己，因而引起抵触情绪。黑格尔曾经说过，嫉妒是平庸的人对卓越才能的反感。对一个领导者来说，如果不抛弃这种心理，你的团队就无法蜕变。在美国钢铁大王卡内基的墓碑上刻着这样一句话："一位善于任命比自己能力更强的人安息在这里。"卡内基之所以成为最著名的钢铁大王，并非他本人拥有什么了不起的能力，而是他善于识人，敢于用人，充分发挥那些能力高超的人的才能。卡内基所用的人都是能干的，他能够看到这些人的长处，并把他们的长处应用到工作中去。所以，卡内基成为一个卓有成就的企业家。

每个人的知识和能力都是有限的。孔子说过："三人行，必有我师。"古希腊哲学家苏格拉底曾去寻找世上最聪明的人，在去了许多地方，寻找了许多人后，他说："世界上没有绝对聪明的人，所谓聪明、有才能，不过是在某个方面比别人突出和优秀罢了。"

作为中层领导，掌握着一定的管理权力，在长期的管理工作中形成了以自我为中心的思维定势，所以，让中层领导任用比自己才能更高的人，说起来容易，真正去做的时候确实比较难。但是，如果中层领导能勇敢地超越自我，敢于任用比自己强的人，将能使企业获得更大的发展。

中层领导自己的才能不一定要全面胜过下属，但必须要有一种特殊才能，就是运用、发挥、调动下属积极性的才能，还要有容纳比自己强的人的胸怀。就像刘邦说过的那样："我的智谋比不上张良，管理比不上萧何，指挥军队更比不上韩信，但我能得到这三位人才的辅佐，所以我得到了天下。”

这正是刘邦的高明之处。敢于任用比自己强的人，才能做成大事。然而有一些管理者却没有刘邦这样的胸怀和谋略，他们或出于私心，不敢起用能力、学识在自己之上的人；或者常常高估自己的能力，甚至心怀妒忌，这样于人、于己、于组织都是极为不利的。

戴维·奥吉尔是世界著名的广告权威——奥美广告的创始人，他在谈到企业在用什么样的人时说：“许多人，尤其是那些管理者，总是会去用那些比他水平低的人，那样企业就会变成一个庸人的集体，毫无生机和创造力，效率也不高；相反，如果管理者敢于用一些比他水平高的、能力更强的人，那么它会壮大成为一个大的企业。”

其实，敢于起用能力比自己强的人既是个肚量问题，又是个信心与能力问题。中层领导应该充满信心，相信自己，敢于去重用比自己强的人，要有成人之美的胸怀。正所谓“予人玫瑰，手有余香”，只有这样才能使自己的职业之路发展顺畅，地位也会随之提高。

五、关键时刻要敢于为下属撑腰

在中央电视台“动物世界”栏目里，我们会看到这样一组镜头：一群猴子正在玩耍，突然某种凶猛的动物来到近前。危险来临之际，猴王总是率领公猴挺身而出，保护那些老幼猴子。民间把这种现象叫作“护犊子”，意即保护自己手下的人。作为中层领导，也应当有这种“护犊子”的理念。

2016 年 4 月 17 日，在北京市东城区某小区内，一名骑三轮送货车的顺丰快递员，在派送过程中与一辆黑色小轿车发生轻微碰撞。随后黑色轿车上的司机下了车，他无视路人劝阻和快递员的道歉，一边满口脏话，一边连续掌掴快递员八次。这件事引起了社会巨大的反响。当大家都以为顺丰只会对这样一个基层员工简单安慰几句了事的时候，没想到顺丰掌门人王卫于当天晚上，在朋友圈里撂下狠话："我王卫向着所有朋友声明，如果这事我不追究到底，我不再配做顺丰总裁！"次日，顺丰集团发表声明，表示不同意调解诉求，为了维护员工合法权益，将依法追究打人者的刑事责任。

此事已经过去好几年了，但影响却极为深远。如果每个企业的领导都能做到这样，当自己的员工受到欺负时，能第一时间勇敢站出来回应、保护，那么，我想员工肯定会感到自己找到了真正的好企业了，不努力工作还真对不起公司了。

某科长由于动不动便指责下属而深受下属的诟病。某天，科长的上司也就是处长拿着报告怒气冲冲地跑进科办公室里，无视科长的存在，直接指着写报告的人说："写的什么报告？"此时，那位经常指责下属的科长却适时地站了出来，说："是我要他这样写的，责任由我来负！"从此以后，该科的气氛完全改变了，科长虽然仍如过去一般指责下属，但科员对科长的态度却与从前大为不同。因为他们意识到"科长是真的替我们着想"，开始信赖科长，整个办公室因此充满朝气。更令人惊讶的是，经过此事后，处长也更加重视这位科长。

当然，"护短"不是无原则的，而要受一定的条件制约。那么，中层领导在什么情况下方可为下属护短呢？

1. 严格掌握护短的界限

中层领导袒护下属，其用意当然不是纵容下属，而是另有所图。在多数情况下，中层领导图的是以下几方面的好处：一是为了更好地发挥和利用下属的长处；二是赢得人心，进一步密切上下级的关系；三是提高自己在职场中的声誉，有意将自己塑造成宽厚、豁达的领导；四是为了实现某个既定的管理目标。因此，在权衡利弊、决定取舍时，中层领导必须本着得大于失的行为准则来行事，只有当这一行为本身不超过某条界限时，护短才是有价值的，可行的。

在通常情况下，护短时应严格掌握以下四条界限：

（1）必须有利于充分发挥和利用下属的长处，而不是纵容、诱发下属的短处，以至于影响和限制了下属的长处。

（2）必须有利于实现你制定的管理目标，而不是有碍于实现这一目标。

（3）必须能为周围的人所理解、所接受，而不是激起多数人的反感和愤慨，加剧人与人之间的矛盾。

（4）必须有助于提高领导者在团队中的声誉和威信，而不是降低和损害你的声誉和威信。

在正常情况下，中层领导应该兼顾这四条界限，尽量从严掌握。但在情况危急的特殊时刻，也可以只考虑其中的第二条，而对其他三条暂不考虑，待事后再采取其他补救措施。

2. 灵活掌握护短的度

在不超越界限的前提下，中层领导在具体运用这一方法时面临着许多选择。这时候，作为一个精明的中层领导，应该充分利用手中的选择权，灵活掌握护短的度。

（1）在可宽、可严的情况下，只要下属认识较好，团队和上级领导又能谅解，就应从宽处置。

（2）在可早、可晚的情况下，对于下属的过失不妨搁一搁，待事后再作处理，或者给下属一个将功补过的机会，视其表现给予处理。

（3）在可高、可低的情况下，对于下属的短处或过失不妨大事化小、小事化了，尽量缩小处理的力度以及其后产生的影响。

灵活掌握护短的度，是在合理的选择范围内进行的，它利用的是人们的认识伸缩度和行为伸缩度，而不是人们的认识误差和行为误差。中层领导在具体运用这一手段时，应该充分注意这一点。

3. 要让下属知道你在袒护他

获取理想的袒护效果，不仅需要严格掌握界限，灵活选择，而且需要巧妙地运用各种最有效的方法，恰到好处地将你的用意传递给下属，使下属既能明白你为什么要偏袒他，以此激发起他的积极性和创造性，又能使下属在不感到难堪的情况下接受你对他的偏袒，从而最大限度地保护下属的自尊心。这就需要在你护短之后让他知道你在护着他，当然，不要用语言来点破，在若无其事中传递这种信息，往往更能收到施恩无痕迹的最佳效果。

4. 选准最有“袒护价值”的下属

不看对象盲目护短，是管理的大忌。护短与严格要求、奖惩分明，是领导者实行有效管理的两手。只有你认定某下属确有“袒护价值”时，才能去袒护这个下属。

总之，袒护下属的学问高深莫测，其方法也多种多样。随着现代管理活动面临的形势日趋复杂，被使用对象的自主意识日趋强烈，中层领导更应该结合自己的用人实践，细心琢磨，不断探索，尽力掌握高超的“护短”本领和灵活的“施恩”艺术，最大限度地调动下属的积极性和创造性，尽量为下属的发展铺路。

六、用人不疑，多给下属一些信任

用人不疑是用人的一个重要原则。不用则罢，既用之则信之。中层领导只有充分信任下属，大胆放手让其工作，才能使下属产生强烈的责任感和自信心，焕发工作的积极性、主动性和创造性。

在华为，总裁任正非就是一位“用人不疑”的领导，给下属以极大的信任。

在开发新业务方面，任正非选择了一位敢打敢拼的带头人——余承东。任正非知道，新业务就必须用新办法，所以，每次他都坚定地支持余承东。在华为手机业务的拓展中，华为确实也遇到了诸多不顺。余承东一方面大刀阔斧地砍掉了非智能手机，几乎砍掉了90%以上的机型；另一方面大幅度地降低对运营商的依赖，余承东甚至在内部说过“我们不伺候运营商”，让运营商一度很不爽。这些行为，曾使得华为终端业务的收入直线下降；而花重金打造的智能手机一开始也并没有取得很好的反响。一时间，华为内部撤换余承东的声音不绝于耳。但任正非却坚决地支持余承东，将变革进行下去，并最终获得了成功。

信任是一种有力的激励手段，信任也是对下属的爱护和支持。特别是对于担当采购、生产、销售者角色的员工而言，容易受人非议、蒙受一些流言蜚语的攻击，那些敢于直面领导的错误，提建议、意见的，那些工作勤勉的，领导的信任是其强大的精神支柱，在此种状态下，领导者切不可轻易动摇对他们的信任。

中层领导对下属信任的同时，对下属一定要坦诚。如果出现变故及不利因素，有话要当面说，不要在背后议论下属的短处，对下属的误解应及时消除，以免积重难返。

日本松下电器公司的创始人松下幸之助用人的原则之一就是用而不疑。松下电器在创业初期就以产品价廉物美名扬四方，这是松下幸之助在博采众家之长基础上加以创新而成的。一般来说，在商品竞争激烈的情况下，拥有者对技术都是守口如瓶，视为珍宝。但是，他却十分坦率地将秘密技术教给有培养前途的下属。曾有人告诫他：“把这么重要的秘密技术都捅出去，当心砸了自己的饭碗。”但他却满不在乎地回答：“用人的关键在于信赖，这种事无关紧要，如果对同僚处处设防、半信半疑，反而会损害事业的发展。”

当然，松下公司也发生过本公司员工“倒戈”的事件，但是松下幸之助坚持认为：要得心应手地用人，促进事业的发展，就必须信任到底，委以全权，使其尽量施展才能。这是他根据自己的亲身体验而建立的人生观和经营哲学，也是松下幸之助建立起自己商业帝国的基石。

用而不疑，是一条重要的用人原则，当然，这条原则是与疑而不用的用人原则联系在一起的。在思想上、道德品质上有疑点的人，在能力上不胜任的人，总之一句话，凡是经过认真考察、研究，觉得不可信任之人，则一定不要用。如果失之斟酌，盲目错用，就会自食恶果。对于人才一旦委以重任，就要推心置腹，充分信任，大胆放权，绝不干预。人才有了独立自主的地位，方可充分发挥其各种才能。

七、让下属心甘情愿地和你共事

古人云："建大事者，不忌小怨。"大凡在事业上欲求进取、以事业为重的领导者，必须"不忌小怨"，容人之隙。容人之隙可以"化怨为谊"，获取人心。领导与下属在一起工作，难免出现矛盾，甚至可能产生怨恨，作为领导者若能容人之隙，不计小怨，则能迅速化解危机。但若记恨在心，伺机报复，则小怨必成大怨，甚至反目。

丙吉是汉宣帝时的丞相，他待人宽厚，惩恶扬善，以知大节、识大体著称，对下属十分仁慈，从不求全责备。对表现好的下属，他大力表彰；对犯了过失的下属，只要不是很严重的原则问题，他都尽可能地原谅、宽容他们。

丙吉有一个很好的车夫，人品不错，但此人有一个毛病，就是喜欢喝酒，他经常喝得醉醺醺的。有一次，丙吉出门办事，让这个车夫驾车。殊不知他这次喝得大醉，车子还在路上，他就呕吐起来，把车上的座席都弄脏了。车夫一见自己弄脏了座席，吓得不知怎么办才好。但丙吉并没有多说他什么，只让他把车上的污迹擦干净，然后又赶车上路。回到相府，管家知道这件事后非常生气，狠狠地训斥了车夫一顿，并向丙吉建议说："大人，这个车夫实在是不像话，干脆把他赶走算了！"丙吉摇摇头说："不要这样做。因为他喝醉酒犯了一点小小的过失就赶走他，你让他到哪里去容身呢？他不过是弄脏了我的座席罢了，算不上什么大罪。还是原谅他吧，我相信他自己会改正错误的。”车夫知道是丞相的宽宏大量才保住了自己的饭碗，非常感激，决心有机会一定报答丞相。从此，车夫戒了酒，尽心尽力地为丞相赶车。

车夫原本是边疆人，熟知边防报急方面的事情。有一次，他在长安街上看到一名驿站的官员疾驰而过，猜想一定是边境上发生了什么紧急的事情。于是他紧跟着到驿馆里去打听消息，果然得知是匈奴入侵云中郡和代郡，那里的郡守派人告急。

车夫立即回到相府，把自己探听到的情况向丙吉报告。丙吉知道汉宣帝马上会召自己进宫商议，便叫来有关的下属，向他们了解被入侵地区的官员任职以及防务等方面的详细情况，思考对策。不久，汉宣帝果然召见丙吉和御史大夫等商议救援之事。由于丙吉事先已经知道了消息并有所准备，所以胸有成竹、侃侃而谈，很快提出了可行的救援办法。而御史大夫等却是仓促进宫，一点准备也没有，一时之间根本就说不出什么来，更不用说切实可行的救援办法了。汉宣帝因此赞赏丙吉“忧边思职”。

这个故事给人的启示是：每个人都有所长，也各有其所短，我们应当尽量看到他人的长处，容忍他人的过失，如此也许你会有意想不到的收获。作为中层领导也应该如此，下属犯了错误，要以宽容之心待之，给他改正的机会，这样他有可能被你的宽厚仁慈打动，心甘情愿地追随你。

第十八章　恩威并举，御人是一门技术活

要宽容你的下属，但不要放纵你的下属。因为一旦你放纵了下属，他就会接收到错误的信息，会有一些凌驾于你之上的想法，并开始不尊重你，作为中层领导的你也就因此失去了对下属的掌控。掌控不了下属，何谈带领团队完成组织赋予你的使命？

一、在原则问题上不可模糊

工作中我们常可见到，下属犯了错，中层领导宁可自己忙成一团糟亲自去解决，也不去责罚犯了错的下属。结果类似情况接二连三地发生，让中层领导难以应付，最终使团队目标的实现成为一句空话。

造成上述局面的原因，总结起来主要有以下几个方面：

第一，中层领导者缺乏能力，或者是业务技能不够过硬，自己心里发虚，不敢理直气壮地提出批评，怕下属有意见。因此，只好极力迁就他们。

第二，怕得罪人。这种中层领导的性格一般比较软弱，怕下属不服气，顶撞自己，让自己下不了台；怕被责罚者有成见，对自己不利。他们的真实想法是“多栽花，少栽刺”“工作好坏是公家的，有了意见是自己的”，所以不求有功，但求相安无事、息事宁人。

第三，出于好心，不愿伤害下属的自尊心。这种中层领导和蔼可亲，

能和下属“和平相处”，但在下属心中缺乏足够的威信。这种作风往往助长了某些错误行为的出现。

第四，中层领导是非不清，对下属工作的优劣心中无数。下属的行为已发展到危害集体、影响团队目标完成的程度，他仍视而不见，更不采取积极措施加以解决。也有的中层领导偏听偏信，对下属的错误不能及时发现并予以纠正。

中层领导一味迁就犯了错的下属，其工作无疑会问题成堆。具体表现为以下几个方面：

第一，下属的缺点、错误得不到及时制止和纠正，有缺点、错误的人还自以为是，有恃无恐，继续坚持和发展下去。

第二，大家对一些员工的错误行为看不惯、有意见，但因无能为力而产生压抑感，积极性受到挫折。

第三，下属对领导不仅不感激、尊重，反而对他的软弱无力、姑息迁就产生轻视心理，中层领导的威信越来越低。

第四，由于领导不力，纪律松弛，互不团结，大家的积极性不高，所以工作效率很低。

从上述情况可以看出，作为一个中层领导，如果不能恰如其分地运用“硬”的手段来纠正下属的错误，便是没有尽到领导者的职责。从个人能力来说，身为领导者，必须具有自信和勇气，具备发现、纠正下属的错误并使之能够积极向上的能力。只有具备这样素质的人，才能带领下属取得工作的高效率和高质量，从而达到组织的目标。

当下属犯了不可原谅的错误时，你必须执行某种形式的惩罚，切不可心慈手软、手下留情、犹豫不决。否则的话，拖得越久，对你和应该受到惩罚的下属来说，日子就越难过。

肯·布兰侍和斯宾塞·约翰逊在他们的畅销书《一分钟经理人》中就有这样的建议：“要在错误发生后立即加以责备，你要明白地指出他们错在哪里，用坚定的口气告诉他们，你觉得他们错了。”

当然，惩罚的目的是防止以后再次发生类似事件。因此，在实施惩罚的过程中，通常要附带某种形式的纠正措施。不管你要做任何惩罚，都要记住两点：第一，原则问题不可模糊；第二，纠错是为了发展，不是为了泄愤。

二、与下属保持适当的距离

孔子曾经说过："临之以庄则敬。"意思就是说，统治者用庄重严肃的态度对待民众，人民就会尊敬你。换句话说，就是中层领导不要和下属走得过分亲近，要与下属保持一定的距离，给下属一个庄重的面孔，这样才可以获得他们的尊敬，树立自己的威严。

身为中层领导，再怎么平易近人，也需要有一定的威严。若是当众与下属称兄道弟，就会降低你的威信，很快你的下属就会把你的命令不当一回事。

在现实工作中，经常会有员工这样议论："领导这些天是怎么了？昨天还和我有说有笑地吃晚饭，今天就把我叫到办公室给训了一顿，翻脸跟翻书一样，一会儿把我们当朋友，一会儿又把我们当下属，当了领导就开始这样对我们，太令人失望了。"

若是与下属之间的关系过于亲密，在你做出某项决定要通过下属贯彻执行时，就会出现两种情况：如果他是一个通情达理的人，为了支持你的工作，会放弃自己暂时的利益去执行你的决定；如果他是一个不晓事理的人，就会立即找上门来，凭借他与你之间的关系，请求你收回决定。前者自然是最好不过，但是后者无疑是给你出难题。如果你收回决定，必然会引起其他下属的不满；如果不收回决定，就会使你与这位下属的关系恶化，他也许还会说你是一个不讲情面的人，从而远离你。

所以说，与下属关系过于密切，往往会带来许多麻烦，导致领导工作难以顺利进行，影响领导形象，降低你的威严。

在管理学界有一个著名的“刺猬理论”：刺猬浑身长满针状的刺，天一冷，它们就会彼此靠拢，凑在一块相互取暖。但仔细观察后发现它们之间却始终保持着一定的距离。原来，距离太近，它们身上的刺就会刺伤对方；距离太远，它们又会感到寒冷。只有若即若离，距离适当，才能既保持理想的温度，又不伤害对方。“刺猬理论”告诉人们，朋友之间不可以过密，上下级之间不可以过于亲近，否则就会造成彼此的伤害。

“刺猬理论”同样适用于中层领导的管理，如果中层领导不注意保持和下属之间的距离，过分随和，下属很可能就会因为轻慢你而在工作上怠惰、拖延甚至是故意进行破坏。所以，中层领导通过“架子”来显示自己的权力，进而有效地行使权力是无可非议的，对于很好地履行自己的职责也是必要的。

有些中层领导企图把所有的下属团结起来，像一家人一样，事实上这是不可能的。你既然是本部门的领导，那么，你与下属之间就有一层上下级的关系，当部门的利益与你亲如家人的下属利益发生冲突时，你要如何取舍呢？所以说，与下属建立过于亲近的关系，并不利于你的工作，反而会带来许多不易解决的难题。

如果你是由普通员工刚刚提升为中层领导，就意味着你要管理过去的同事，这样的处境令人十分尴尬，能否处理好这种微妙的关系至关重要。

以下几种比较理想的做法可供参考：

（1）召集所有的下属开一次会，用诚恳的语言表明你作为一名中层领导所坚持的立场，清楚地让下属们认识到你们之间新的关系。

（2）不要再介入下属是非长短的闲聊中，因为你现在的任务是支持团队中的每一个成员。

（3）不要与过去的同事做出没有必要的疏远，更不能一口官腔、一副高人一等的姿态，这样只会使你与下属之间产生不和，不利于工作的开展。

作为一名中层领导，要善于把握与下属之间的远近亲疏，使自己的领导职能得以充分发挥其应有的作用，这一点是非常重要的。

中层领导与下属之间保持距离，可以避免下属之间的嫉妒和紧张。如果中层领导与某些下属过分亲近，势必在下属之间引起嫉妒、紧张的情绪，从而人为地造成不安定的因素。

中层领导与下属之间保持距离，还可以减少下属对自己的恭维、奉承、送礼、行贿等行为，可以树立并维护中层领导的权威。

综上所述，作为一名中层领导，不论你是新上任的，还是已干了多年的，你都应该牢牢记住自己的身份，摆明自己与下属的位置，与下属保持适当的距离。要是把上下级的界限给模糊了，你的权威就会消失，在以后的日子里你的麻烦就会多了。

三、只有公正无私才能服众

《吕氏春秋·贵公》中说："阴阳气候，甘露时雨，不择物而变，不私物而降，这才是公的气象。"刘宝楠解释说："治天下必先公正、公平、公开，公则使老百姓高兴。公则天下太平，太平来自公。成事在公平，失事在偏私。"成功的领导者是公平处事者。出于公心，一视同仁，一碗水端平，才能赢得下属的认同。

诸葛亮一生的功业，把"公平"二字体现得淋漓尽致。《三国志》的作者陈寿这样评论诸葛亮："为政开诚布公，公正尽忠。对国家有用的人，就是仇人也奖赏；违反法令、怠慢国家的人，就是亲人也要诛杀。认罪后肯悔改的人，从轻处理；死不认错还狡辩的人，虽轻重罚。善没有成绩不赏，恶没有坏果不贬。严刑峻法，天下却没有人怨恨，这就是他用人公平、正直的结果。诸葛亮堪称治世的良才，能力与管仲、萧何在伯仲之间。”

马谡同魏军在街亭作战，由于违反诸葛亮的指挥，蜀军被魏军打败。诸葛亮于是拿下马谡，把他杀了。马谡被杀后诸葛亮亲自祭奠，并且抚养马谡的孩子，对待他们像自家人一样。蒋琬说：“现在天下没有安定，而你杀了有智有谋之人，难道不可惜吗？”诸葛亮哭着说：“孙武能够取胜天下，是因为他用法公正。现在四海分裂，战争刚开始，如果废除了军法，用什么对付敌人呢？”当初诸葛亮认为马谡才智、权术超过常人，谁都知道他对马谡非常器重，但是最后还是命令将马谡杀了，这就是诸葛亮公正的体现。全体将士都对诸葛亮的无私之心十分敬佩。

诸葛亮深明大义，理智处事、公正无私的精神值得后人学习。当今职场中的领导者也应如此，因为只有公正才能服人，只有无私才会彰显人格魅力，只有公正无私，才会使员工紧密团结，组织发展进步。

四、威胁下属的方法不可取

有些管理者贪恋领导的权力和待遇，但是自身又德不匹位，不去承担管理人员的责任。对下属采取威胁恐吓的态度，动不动就是扣钱等诸如此类的话。这样的领导情商实在太低了，下属心里有情绪做事就不会专心，出错的概率会比平时高得多，到时候出现了失误你也要受到连带责任。下属更会产生不被尊重的感觉，甚至会对你有恨意。

某广告公司的经理是一个脾气非常暴躁的人，他经常在办公室里大发雷霆，动不动就扬言要把某个下属辞掉。刚开始的时候大家都很害怕，做事小心谨慎，不敢出一点差错。但后来大家渐渐发现，发脾气只不过是经理的“日常工作习惯”而已，并不会采取什么实质性的行动，于是大家便继续我行我素，不理会他的批评。经理看到这种没把他放在眼里的情形当然会更生气，于是便恼羞成怒发更大的脾气，但是“暴风雨过后仍是会见到彩虹”，渐渐地大家习惯了经理的脾气，感觉经理发一发脾气只不过是为了证明他的存在和彰显他的地位，并没有什么指导性的意义。如果真正有哪一天他不发脾气了，大家反倒感觉很奇怪。这正如寓言故事《黔之驴》所讲：老虎刚见到驴时，驴大叫，老虎被驴的声势震慑，不敢走近，只好在周围观察。但渐渐地老虎就发现，大叫只不过是驴的日常习惯而已，并没什么可怕的，老虎内心盘算着驴也就这点儿本事了，于是便来个饿虎扑食，驴便一命呜呼了。

所以，聪明的中层领导请记住，对下属大吼大叫、肆意批评不会起到任何实质性的作用，只会破坏自己的形象，打击下属的积极性，不再愿意与你合作。有时候领导在说出威胁的言语时可能并没有多想，并不是真的想如何如何，但听者有意，这样就有可能会传递给下属一些错误的信息，使他们在听到这些言语后做出错误的事情，从而导致双方被动，得不偿失。

那么，既然威胁是领导者的大忌，那是不是就不能对下属施加压力了呢？回答当然是否定的。作为一名中层领导，仍然需要有技巧地给下属施加一些压力，让下属按你的思路去认真工作，促进任务的顺利完成。那么，如何给下属施加压力而又不成为伤感情的威胁呢？在现代信息发达的社会，人与人之间的交流越来越多，每个人对自己的处境是很清楚的。在如今强大的竞争压力下，下属不会不认真考虑自己的处境。也就是说，作为中层领导，你根本就没必要去用语言威胁下属。你向下属交代工作时，把工作的重要性告诉他就可以了，暗示一下他的处境，聪明的下属一定会明白自己如果把事情搞砸会是怎样的后果，这样下属心里有数，而你的目的也达到了，何乐而不为呢？

五、恩威相结合，方能长治久安

联想集团的创始人柳传志在管理上有一绝，那就是“恩威相结合”。

在联想，有这样一条规则：如果开20人以上会议，迟到者将会被罚站一分钟。然而，第一个迟到的人竟然是柳传志的老领导。但是，规则面前人人平等，他对那位老领导说：“你先在这里站一分钟，今天晚上我到你家里站一分钟。”如此一来既维护了铁的纪律，又挽回了老领导的面子，老领导的不愉快也就烟消云散了。

“恩威并举”是糖与鞭子，揭示了管理的一些道理，即激励与约束必须同在。赞扬未必总伴随着批评一起出现，然而作为领导者的武器，两者缺一不可。

如果下属所犯错误严重，中层领导认为有必要给下属一个教训，不妨在众目睽睽之下爆发一次。但是，此时领导者必须确认自己的做法是正确的，没有冤枉下属，同时注意批评的语言不能过于苛刻。这“电闪雷鸣”的一击将给下属留下深刻的印象，更好地树立领导者的权威。此时受到批评的下属可能会产生对领导的不满情绪甚至抱怨、记恨，所以，事情过去以后领导者一定不要忘记给予补偿，找被批评的下属单独谈话，给他申辩、改正的机会，适当地给予安抚，想必他一定会接受，也会更加敬重你的人品。

古代伊利特王国有一名叫作琼尼斯的将军，这位将军治国有道，军法森严，甚至可以说是十分苛刻。某日他巡视军营，发现一名下级军官军容不整，立即召集全体军官，当着所有人的面给这个军官一顿声色俱厉的痛斥，全军上下为之肃然，受批评的军官感到十分尴尬。第二天，此人被召到将军的办公室，将军对他笑脸相迎，向他道歉，检讨自己昨日由于冲动说出了一些过分的话，希望军官能够原谅。这名下级军官当时感动得热泪盈眶，表示以后严格遵守军纪。

这位将军巧妙地运用了恩威并施的手段，通过公开批评的“雷霆一击”，不仅整肃了军纪，而且在所有部下心目中树立了自己威严的形象；此后又在暗中单独召见下属，向其道歉，化解了被批评者对自己的怨恨。

可见，上下级之间的感情交流，不怕波浪起伏，最忌平淡无味。数天的阴雨连绵，才能衬托出雨过天晴、大地如洗的美好景色；渴后得泉，方知其甘，此中包含着心理平衡的辩证哲理。仅仅只有玉的宠爱，还不可能有事业的成功，也不可能培养人；仅仅只有剑的严厉，也不能使人心服，反而会使人望而生畏，不敢跟随。只有玉和剑并用，才能够育人、用人。历史上成功的领导人之所以成功，是因为手中的威武之剑和慈悲之玉总是被紧紧地结合在一起。

参考文献

[1] 吴甘霖，邓小兰. 做最好的中层[M]. 北京：东方出版中心，2019.

[2] 房伟. 中层领导如何带人管人用人[M]. 广州：广东人民出版社，2018.

[3] 郭士. 每个中层领导都缺一堂情商课[M]. 北京：中国电影出版社，2018.

[4] 李军燕，周瑞昌. 怎样当好一名中层领导[M]. 北京：企业管理出版社，2018.

[5] 马媛. 中层领导力[M]. 广州：广东经济出版社有限公司，2017.

[6] 王哲. 中层领导的说话艺术[M]. 北京：京华出版社，2006.